DUDONG SHIJIE TONGSHI

读懂世界通史

启 文 主编

中国民族文化出版社

北 京

图书在版编目（CIP）数据

读懂世界通史 / 启文主编 . — 北京 : 中国民族文
化出版社有限公司 , 2023.4
ISBN 978-7-5122-1669-3

Ⅰ . ①读… Ⅱ . ①启… Ⅲ . ①世界史—青少年读物
Ⅳ . ① K109

中国国家版本馆 CIP 数据核字（2023）第 057410 号

读懂世界通史
DUDONG SHIJIE TONGSHI

主　　编	启　文	
责任编辑	何敬茹	
责任校对	李文学	
出 版 者	中国民族文化出版社　地址：北京市东城区和平里北街 14 号	
	邮编：100013　联系电话：010-84250639　64211754（传真）	
印　　装	金世嘉元（唐山）印务有限公司	
开　　本	720mm×1020mm　1/16	
印　　张	16	
字　　数	230 千字	
版　　次	2023 年 6 月第 1 版第 1 次印刷	
标准书号	ISBN 978-7-5122-1669-3	
定　　价	69.80 元	

前 言

英国著名历史学家汤因比说："一个人如果能处在历史感悟之中，他就一定是获得真知的人，因为历史的经验是最为丰富的一座智慧之库。"历史蕴含着经验与真知。通晓世界历史，不仅可以知道人类历史的发展进程，增长知识，还可以获得深远的战略思维，培养开阔的世界眼光，从而能认清复杂现状，抓住机遇，应对挑战。

历史作为一面镜子，记录着人类社会的进步与落后、兴盛与衰败、欢乐与悲伤、绵延与更迭，也预示着人类的未来。但是，在现实生活中很多人对世界历史知之不详，导致在跨文化交流中以及日常学习工作中遇到了障碍。而要了解人类历史的发展历程，要培养对异质文化的理解能力，最好的方式就是通晓世界历史。

世界历史是人类世界的整体历史，任何一个国家和民族都是世界历史体系中的一部分。人们只有了解世界历史的发展脉络，理解人类社会的各阶段特征，才能鉴往知来，在全球化发展的大环境中，认清复杂现状，融入时代潮流。

本书以时间为经线，以世界历史上的重大事件、风云人物、辉煌成就、灿烂文化等为纬线，在尽量保证历史叙述的连续性的基础上，将本书内容分为人类的起源与原始社会、古代文明的产生和发展、中古时期的世界、资本主义制度的初步确立等十大篇章，为读者提供了必需的历史知识。本书精彩扼要地勾勒出人类社会演进的基本脉络和多元文化的发展过程，帮助读者从宏观上把握世界历史，进而了解人类历史发展的内在规律。

目 录
CONTENTS

两次世界大战、十月革命与国际秩序的演变

两极格局下的世界

走向多极的世界

人类的起源与原始社会

人类的起源

　　人类对自己的过去有着浓厚的兴趣，从很早的时候开始，人类还没有文字时，就开始思考人从哪里来，到哪里去。在长期的历史发展中，关于人类起源主要形成了两种理论：神创论和进化论。

　　神创论认为，人是由神创造的，否认人类的发展过程中有进化。神创论的起源相当古老。有关神创造人类的理论，大多保存在先民关于创造世界的神话中，是整个宇宙起源神话的一部分。神创论中影响较大的有：古希腊神话的神灵用泥土造人，古代中国神话传说的女娲用泥土造人，《圣经·旧约》之《创世纪》中的上帝造人。

　　据古希腊神话传说，神灵们最初创造了天地，鱼在水里嬉游，鸟在空中歌唱，野兽生活在大地上。这时，众神灵中最聪明的神普罗米修斯，抓起一把泥土，用河水将其弄湿，仿照神的样子捏成人形，又从各种生物的天性里摄取善、恶等各种观念封闭在人的胸膛里。智慧之神雅典娜对普罗米修斯的创造感到惊奇，于是把灵魂和呼吸吹进了这只有一半生命的创造物之内，从而创造了人类。但他们还缺少知识，不知道利用世界上的万物，普罗米修斯教他们观察日月星辰，驾驭牲畜，发明船只和各种工具，治疗疾病。因为普罗米修斯在代表人类贡奉劳动产品时欺骗了众神之王宙斯，所以宙斯拒绝将最重要的礼物——火送给人类。但这也难不倒普罗米修斯，他从宙斯那里偷来火种，使人类能够吃上熟食。作为对人类的惩罚，宙斯命匠神赫菲斯托斯把土和水掺和起来，在里面加进人类的语言和力气，创造了一位温柔可爱的少女，模样像永生女神。他吩咐雅典娜教她做针线活和编织各种织物，吩咐金发的阿佛洛狄忒在她头上倾洒优雅的风韵以及恼人的欲望和倦人的操心，吩咐神使赫尔墨斯给她一颗不知羞耻的心和欺诈的天性。这个女人名叫潘多拉（Pandora，意思是所有神灵的礼物）。奥林匹斯山上的每个神都送了她一份礼物——实际上是各种灾难，这些"礼物"被装在她所携带的盒子中。人类并不知道这一点，很高兴地接受了她。为了满足自己的好奇心，她打开了盒子，从此把疾病、嫉妒、谣言、战争、瘟疫等各种灾难散播到了人间。

　　《圣经》中关于上帝创造人类的神话大体与此相似。《圣经·旧约》之《创世记》记载，最初世界混沌一片，上帝用五天时间创造了天地万物，到第六天按照自己的形象创造了一个人。这个人就是亚当，他生活在伊甸园中，并按自己的喜好给各种动植物命名，吃树上的果子为生。但上帝认为让亚当独居不好，于是取了亚当的一根肋骨，创造了一个女人。亚当和夏娃就是人类的始祖。两人生活在伊甸园中，逍遥自在。后来夏娃受蛇引诱，和亚当一起偷吃了禁果，遭到上帝的惩罚，被赶出伊甸园，从此结束了自由自在的幸福生活，被迫为生计奔波。在经历了一次大洪水后，只有诺亚一家人与方舟中的动物存活下来，但人类得以延续。后来，人们相约建造通天的巴别塔。这个计划引起上帝的忧虑，担心人类会认为自己无所不能，于是让人们说不同的语言，相互之间不能交流，这个计划因此失败。从此人们说着不同的语言，散布到世界各地。

历史的碎片

　　氏族社会的早、中期为母系氏族社会。母系社会又称母系氏族社会，即建立在母系血缘关系上的社会组织，是按母系计算世系血统和继承财产的氏族制度，是氏族社会的第一阶段。父系氏族社会是一种新的社会文化体系，也是人类历史上发生的最深刻的变革之一。这种变革是同当时生产力的发展相适应的。由于农业和手工业的进一步发展，男子在生产中的地位和作用越来越大，社会中心自然发生偏移。因此，从母系氏族社会发展到父系氏族社会，是社会生产力发展的必然要求。

　　从今天的观点来看，古希腊的神造人神话和《圣经·旧约》记载的上帝造人神话都应当是到父系氏族社会才产生的，因为在这两个神话里，男人先于女人出现。而且这两个神话里，在女人出现以前，人类过着无忧无虑的自在日子；在女人出现后，美好的世界才变得充满灾难，女人成了灾难的代名词。这样的神话，只有在男性掌握了社会生产和生活中的主导权并且取得对女性的胜利后，才可能被人接受。相对来说，古代中国的女娲造人传说也许更为古老，因为在这个神话传说中还有某些母系氏族社会的影子。而关于殷人和周人祖先的传说中，也多少保留了一些母系氏族社会的痕迹，因为两者的祖先都是只知其母，不知其父。

▲ 亚当和夏娃

关于人类起源的另一种观点是进化论，最早可追溯到古希腊哲学家阿那克西曼德的人起源于鱼的看法，可惜我们今天已经无从知道他是如何得出自己的结论的，但从"鱼类是世界上最早的动物之一"这一点来看，他的猜测并非完全没有道理。后来古罗马哲学家卢克莱修提出一种进化论。卢克莱修提出人类最早使用的是石器，后来才开始使用铜器和铁器。

真正开始用科学方法研究人类起源的是近代西欧的学者。瑞典学者林奈首创动物分类法，把动物按骨骼结构分成若干类。稍后，法国学者拉马克发现人类和猿猴的身体结构有许多相似的地方，指出高等动物起源于低等动物，特别指出人类起源于类人猿。英国学者赫胥黎进一步论证人和类人猿有共同的祖先。在此基础上，达尔文在《物种起源》中提出了动植物不断变化发展的理论，指出它们都是从低级到高级、从简单到复杂而不断进化的。在《人类起源和性的选择》中，达尔文指出，人类起源于动物，与现在的类人猿有共同的祖先，是由一种已经灭绝的古猿进化而来的。可惜他没有对古猿如何进化到人做出科学的说明，而只简单地将其归于动物进化的一般法则。所以恩格斯在批判达尔文的进化论时，恰当地提出劳动在从猿向人转变的过程中起着重要作用，认为正是劳动使人最终从动物界分离出来，有效地解决了人类源于动物而又与动物不同的问题。至此，进化论的理论初步完备，并逐渐得到绝大多数学者的认同。到 19 世纪末，用英国人类学家泰勒的话说，蒙昧状态在很大程度上跟人类的早期状态相符合，高级文化是从人类的初级文化逐渐发展而来的。"每一个人都同意这一断言，其主要部分不只是真理，甚至是妇孺皆知的真理。"今天几乎所有关于人类起源的著作，尽管在具体问题上存在这样和那样的不同，但它们的理论基础几乎无一例外都是进化论。

人类时代的划分

人类的历史与自然界的历史是密切相关的。人类所赖以生存的地球，在宇宙中已经运转了约 46 亿年，生物的历史至少也有 33 亿年，人类的历史至少也有 300 万年（有学者认为 600 万年左右）。关于人类在自然界的产生及发展演化，地质学家、古生物学家、考古学家和人类学家都进行了深入研究。其中，地质学家根据地壳的运动和古生物的进化情况，把地球的历史划分为五代，即太古代、元古代、古生代、中生代和新生代。在太古代（约 46 亿年前—约 25 亿年前）地球上开始出现生命，这时最早的单细胞生物孕育而生；到元古代（约 25 亿年前—约 5.7 亿年前）有了真核细胞藻类和多细胞动物，例如腔肠动物、软体动物和节肢动物等；随后古生代（约 5.7 亿年前—约 2.5 亿年前）出现了脊椎动物，如鱼类、两栖类和爬行类；至中生代（约 2.5 亿年前—约 6500 万年前）时恐龙和最早的哺乳动物及鸟类出现了；最后生物界发展到新生代（约 6500 万年前至今），哺乳类动物空前繁盛，古猿逐渐演化成人。按

▲ 人类的进化过程

地质年代的说法，代下分纪，纪下分世，与人类起源关系最为密切的是新生代。在新生代第三纪的古新世（约6500万年前—约5300万年前）时诞生了高级的哺乳动物，出现了最早的灵长类；渐新世（约3650万年前—约2300万年前）时由灵长类中衍生出猴类和古猿类；古猿后来经过中新世（约2300万年前—约530万年前）和上新世（约530万年前—约160万年前）逐渐向人转化。到新生代第四纪的更新世（约160万年前—约1万年前）原始人向现代人进化，因此有地质学家称新生代第四纪为"人类时代"。

 历史的沉思

　　人类之所以独特，就在于人类拥有语言。一方面，通过语言，人与其他动物区别开来；另一方面，使用语言扩展了人类理性的范围，使人类借助复杂的概念体系和思维模式，进行系统而有逻辑性的思考和推论，使人类的智性水平得到极大提升。

人类始祖——南方古猿

在约300万年以前，出现了南方古猿（Australopithecus），是正在形成中人的晚期代表。

不过，我们没能找到在南方古猿出现之前的7万余年间有关猿人的任何化石。也就是说，在物种进化过程中出现了一段真空地带。为了填补这段空白，法国的一些研究者把现代人类的基因和类人猿、大猩猩以及黑猩猩的

▲ 南方古猿

基因进行了比较，最后得出结论：所有这些比较的对象都来自相同的祖先，它们共同的祖先生活在距今约600万年前的非洲大陆上。

露西，正是人类形成前，处于最后进化状态中的古猿。1974年，人类学家伊夫·科庞等人在埃塞俄比亚发现了一具成年雌性古猿的骨骼，她死的时候大约有20岁，身高只有1.2米，生活在约320万年前。人类学家为这一发现兴奋不已，并以披头士乐队的名曲昵称她为露西。

露西的骨骼保存较为完整，人类学家研究后认为，露西已经是直立行走的古猿了，尽管步履蹒跚，且仍然保存着灵长类远祖攀缘的特征。既然已经直立行走了，露西就有了离开森林生活的可能，她可以在草原上寻觅食物，大脑也随之进化。

除了露西，人类学家还在东非发现了更多的古人类化石，只是生活

年代都要晚于露西。这些古人已经完全能够直立行走了，被解放出来的双手能准确地抓握工具，脑容量是露西的两倍。可以制造和使用工具，是这些古人与露西最大的不同，也是他们比南方古猿进化程度更高的标志。

历史的沉思

人类学家比较一致地认为南方古猿应该归入人科，代表人科进化序列中一个重要发展阶段，是猿到人的过渡阶段的晚期代表。所以南猿（南方古猿）人骨化石遗址的发现，具有重要历史意义。

从古猿到智人

人类学家根据猿向人演变的过程中体质所发生的变化，把人类的早期时代分成早期猿人、晚期猿人、早期智人和晚期智人四个发展阶段。从 1960 年起，人类学家在坦桑尼亚和肯尼亚先后多次发现大批古人类化石和古石器并存的遗迹。这些发现表明，在 250 万年前东非古人类不仅能熟练使用工具，还能很好地制造工具，从而被定义为进化到一个新的阶段即"能人"阶段，即有技能的人。人类学家将他们分别命名为肯尼亚 1470 号人和坦桑尼亚"能人"，同时这一阶段的人又被统称为"能人"。

1968 年在肯尼亚的图尔卡纳湖东部库彼弗拉发现一些砾石打制的石器，测定年代约在 261 万年前，这是迄今所知的最早的石器。1972 年发现了一个化石人的许多颅骨碎片，同时发现的还有一些腿骨，之后又陆续发现一些人类化石，测定生活年代约在 300 万年前至 270 万年前之间。1973 年、1974 年在埃塞俄比亚东北部阿法低地的哈达尔地区，考古学家又发现了一些人类化石，测定生活年代约在 350 万年前。1974 年至 1975 年在坦桑尼亚北部伽鲁西河流域莱托利地层发现的化石人，主要是上、下颌和牙齿的化石，测定生活年代约在 377 万年前至 359 万年前之间。在坦桑尼亚的考古发掘中，考古学家还发现了被认为是迄今为止最早的工具——石片，种类有砍砸器、刮削器及各种多边器，其上留有不同程度的擦痕，可能是割肉、砍树、割草时留下的。这些考古发掘出的早期猿人化石目前被公认为是最早的人类化石。

在早期人类化石的发掘中最具意义的是生产工具的出土，那么制造工具在从猿到人的进化中意义究竟何在？有人曾对黑猩猩进行试验，发现在教猩猩制造石片时，它"表现出创新的思维"，但是它不能重复最初工具制造者曾利用过的系统打制石片的技术，这说明最早的工具制造者具有超过黑猩猩的认知能力。为了有效地工作，打制石片必须选择具

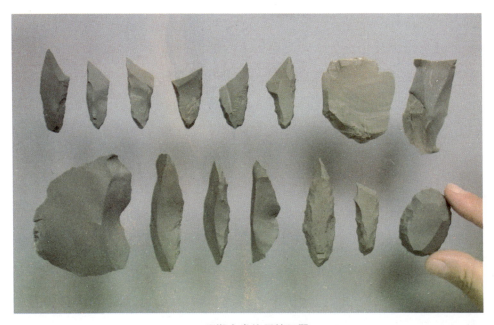

▲ 早期人类使用的石器

有合适形状的石头，然后从正确的角度打击，并且打击动作本身也需要多次实践，这就需要工具制造者具有较高的心智能力。生活于 250 万年前的"能人"，其脑容量大约比猿脑要大 50%，可以说完全具有了这样的先天条件。因为早期猿人化石都出现于非洲，所以有人认为人类的祖先可能来自非洲。

历史的沉思

工具的使用使人类的大脑得到有效开发，淘汰了脑容量小的种群，使得人类的脑容量有了长足的发展；也使人类的手解放出来，并且越来越灵活。人类制造并使用工具是劳动和生产方式的进步，带来了人类体型特征的进化，从而人愈来愈脱离动物界，成为真正意义上的人。人类在制作和使用工具的过程当中，生产力逐渐增强，逐渐衍生出人类的社会行为，合作的关系使人类的种族力量增强。

随着人类体质的进一步发展，约在 150 万年前至 50 万年前间，"能人"进化为"直立人"，即晚期猿人。他们的主要特点是完全用两足行走。直立人在思维和语言上比能人有很大进步，除了能制造工具外，直立人发展进化的另一突破是火的使用，这首先是在周口店北京猿人居住的山顶洞发现的。进化中的直立人仍然兼有猿和人的两重性，并未完全脱离动物的范畴。

根据目前考古测定，直立人生存的时代大约是在 55 万年前。人类发展到直立人时大脑明显增大：早期直立人脑容量为 800 毫升左右，晚期上升到 1200 毫升左右。这时人类的大脑不仅体积增大，结构也变得更加复杂并重组。脑的发展显示出直立人开始有了非常复杂的文化行为。这时的大脑左右两半球还出现了不对称性，说明直立人已经掌握了有声语言的能力。与能人相比，直立人的牙齿有了变化。在整体外貌发展上，这时直立人的面部比较扁平，身形明显增大，平均身高达到了160厘米，体重也有60公斤左右。

直立人的出现标志着人类自身发展进化在200万年前经历了一次巨大变化。直立人所具有的一系列进步性特征，大大地扩展了人类的生存适应性，这使得直立人不再像之前的人科成员那样，仅仅在非洲的原野上徘徊，他们在后来的岁月里顽强地走出了非洲，逐渐散布到亚洲的广大区域以及欧洲的许多地区。

▲ 直立人

早期智人又称古人，他们是生活于约20万年前至5万年前的古人类。目前世界上已经发现的最早的早期智人化石有两个：一个是1848年在西班牙的直布罗陀发现的智人头骨化石；另一个是1856年在德国迪塞尔多夫附近的尼安德特河谷的一个山洞中发现的化石，包括一个成年男性的头骨化石和一些肢骨化石，据测定其生活年代是7万年前。虽然直布罗陀头骨化石发现较早，但当时并没有引起人们的注意，其考古资料

直到1864年才发表出来。最早被人们重视的是尼安德特河谷发现的人类化石，因而古人类学中将早期智人化石统称为尼安德特人，简称尼人。

早期智人分布于亚、非、欧三大洲的许多地方，其主要特征是脑容量较大（男女的脑容量平均为1400毫升），但结构比较原始，不像现代人那样近似球形，而是像圆的馒头形。他们的头骨最宽处比现代人的低，但比晚期猿人的稍高。在外貌上，早期智人眉脊发达，前额低斜，鼻部扁宽，颌部前突。虽然早期智人较猿人有了很大进步，但是仍然保有不少的原始性。

经过长期的劳动，早期智人的智慧和体质都有了很大发展。中国广东的马坝人、湖北的长阳人、山西的丁村人、陕西的大荔人，以及法国的圣沙拜尔人，赞比亚的罗德西亚人，巴基斯坦的斯虎尔人等，都属于尼人类型，但是他们在体质上有明显差异。有的学者分析后认为，早期智人可以分两类：以尼安德特人和圣沙拜尔人为代表的典型尼人和以斯虎尔人为代表的非典型尼人。一般认为非典型尼人脑容量小于典型尼人，而形态特征更接近能人即早期猿人，而典型尼人则被定义为是人类发展过程中一个灭绝的旁支。

在早期智人时期打制的石器种类较以前更多，也更精细，已经出现了复合工具；人类发展到早期智人时不但会用天然火，而且掌握了人工生火技术；服饰多为兽皮。这时还开始形成了埋葬死者的风俗。

晚期智人又称新人，目前发现的最早的晚期智人化石是1868年在法国的克罗马农洞窟里发现的。晚期智人分布在亚、非、欧、大洋洲和美洲。据20世纪70年代发表的资料表明，在美国的南加利福尼亚曾发现一个近乎完整的晚期智人头骨，在加拿大的阿尔伯塔省的塔勃尔发现了一个4万多年前的小孩头骨。由此可以推知，人类在5万年前就已越过冰冻的白令海峡来到美洲。在澳大利亚的新南威尔士州的蒙戈湖干涸的河床中曾发现一个女性的头骨，经测定其生活年代在2.65万年前至2.45

▲ 钻木取火

万年前间，这表明人类可能在 3 万年前通过东南亚的一些岛屿来到澳大利亚。不仅如此，在中国发现的晚期智人化石分布也很广，比如广西柳江人、四川资阳人、北京山顶洞人、内蒙古河套人、吉林榆树人、台湾左镇人等。人类分布范围的扩大，是脑力和生产活动能力不断增强的结果。晚期智人的体质和现代人的体质已经大体相同。这时的晚期智人的体质特征表现为：额部较垂直，眉脊微弱；颜面广阔，下颏明显；身材较高大，脑容量大，已经非常接近现代人。他们会制造磨光的石器和骨器，并且已经学会了钻木取火。晚期智人可以称为现代人类。

从母系社会到父系社会

母系氏族社会从血缘家族发展而来。随着群体内部婚姻规例的增

加，通婚的禁忌也越来越多，最后完全废止了母方所有亲属之间的婚姻关系，进而形成一个比较固定的、彼此不能通婚的母系血缘集团。这个集团由于有共同的宗教活动和社会习俗而日益巩固，并和周围的其他集团区别开来。由于仍然是群婚，人们能够确定的只有母亲，世系也只能按母系计算，常常一个集团就是一个母系氏族。

在母系氏族社会中，婚姻形态发生了重大变化。本氏族成员之间，婚姻关系被完全禁止。婚姻形态可能主要是走访婚。外氏族的男性夜间到女方的氏族过夜，本氏族的男性则在夜间出访其他氏族的女性。所生的子女，由于不能确定父亲，只能跟随母亲生活，成为女方氏族的成员。不过，人毕竟不同于动物，虽然是群婚制，但在女方众多的"丈夫"中，可能有一个是比较固定的。而在男方的众多"妻子"中，也有一个是主要的。只是这种婚姻关系并不稳定，只要有一方不满意，立刻解除。同时，在经济上男方几乎不和女方的氏族发生关系，他只是女方氏族中的一个过客，他的生产和生活仍然以本人所在的氏族为中心。例如，传说殷的祖先契是他的母亲简狄在野外吞玄鸟蛋后怀孕所生，周的祖先稷是他的母亲姜嫄踩到巨人的脚印而受孕的。很显然，当时人们根本不知道自己的父亲是谁，后人为了掩饰，才创造出吞玄鸟蛋、履巨人脚印而怀孕的神话。

随着氏族人口的增加，出现更高一级的社会组织——部落。部落可能是原始人类创造

▲ 代表母系氏族社会的母亲的雕塑

出来的最复杂的社会组织。因为它由不同的氏族组成，所以在部落内部相互通婚。组成同一部落的各氏族，在语言、风俗等方面比较相似；而交通条件的限制，又决定了组成部落的各氏族在地域上必然接近。部落的人口规模也不会太大。19世纪中叶欧洲殖民者入侵前，澳大利亚的原住民分成几百个部落，小者仅百余人，大者不过几千人，中等的有几百人。每个部落都有自己特定的名称、方言、地域、习惯和传统，与相邻的部落之间有明显的界线。如果部落的领土受到侵犯，会引起部落之间的战争。

由于在氏族和部落中，生产活动主要是采集和狩猎，女性在生产中发挥着主导作用，所以女性时常起领导作用。虽然部落的酋长在很多时候是男子，组织狩猎的也是男子，但他们中的许多人是由女性提名的；在部落开会的时候，女性也能够出席，并发挥着举足轻重的作用；在处理部落之间的关系时，虽然男子是战场上的主力，但在缔结和约时，有时是女性直接出面，有时则是由女性指定男子去执行。至于氏族的财产，当然也由女性支配。

历史的碎片

在人类历史上，女性有个辉煌的自由时代，这就是母系社会，当时的女性是备受尊崇的。因为人类历史上存在过母系社会的漫长时期，所以几乎全世界各民族都存在过女性始祖，即"人类第一个女性"的神话传说。

随着农业、畜牧业和手工业的出现，女性由于体力难以承担重荷及照顾孩子等原因，难以从事繁重的生产劳动，于是身强力壮的男人在生产活动中慢慢占据主要地位，成为氏族里的主导力量，社会开始由母系氏族社会逐步向父系氏族社会转变。男人地位的提升，在婚姻形态和世

系的变化上得到了反映。

社会发展到父系氏族社会时，以男性为中心的一夫一妻制家庭占据统治地位，因为男性在掌握了社会财富后，希望把财产传给自己的子女。此时，父亲就需要确定子女是自己的后代。在过去的群婚制下，这样的目标显然无法实现。于是男性要求女性和自己建立比较持久固定的婚姻关系。当女性仍然居住在自己的氏族、男性只是女方氏族的一个访问者时，这样的事情显然不易实现。所以，男性利用手中掌握的财富，逼迫女性离开自己的氏族嫁到男方的氏族来，以便控制女方。久而久之，过去母系氏族时代的从妻居变成了从夫居，财产也由女性继承转变为男性继承。也就是说，男性的财产如今可以留在自己的氏族内，由自己的子女继承。而女性，由于她们的母亲丧失了统治地位，也丢掉了财产继承权。至于世系，也自然转化为父系。

从考古学家发掘大汶口文化时期的墓群中的墓葬制度来看，这时的女性地位已经从原来的比较受尊重变成了男性的附属物。它表明到大汶口文化时期，中原大地上已经确立了男性的统治地位，父系社会已经牢固地确立。社会组织的这种巨大变化，意味着女性从此丧失了在社会上的领导地位，对女性来说是具有世界历史意义的失败。当然，女性并不甘心放弃自己传统的领导地位，并为此进行了各种形式的斗争。而男性为了加强和巩固自己的地位，则想尽办法来对付女性。在中国古代的室韦等少数民族中，有盗婚和回娘家的习惯。男方将姑娘偷回家成亲后，女子便返回娘家，直到怀孕后才又回夫家。新中国成立以前，在中南和西南的一些带有原始社会形态残余的少数民族中，也有新娘在结婚后就返回娘家居住的习俗。男方只是在节日和农忙期间可以把妻子接回家，但这些日子一过，女方仍回娘家居住，直到怀孕后才长住夫家。

▲ 抢婚

在父系氏族社会中，男娶女嫁成为通例，女性一般住在丈夫的氏族中，他们所生的子女，也同样留在丈夫所在的氏族中，成为他们的继承人，世系按父系计算。由于男性掌握着社会财富，女性成为生儿育女的工具，在父系制确立后，女性被剥夺了群婚的权利。婚姻关系由原来的群婚转变为一夫一妻制或一夫多妻制。不过，对大多数人来说，因为社会生产发展水平的限制，一个人的剩余劳动不可能养活太多的人，所以一夫一妻制成为婚姻的主流，父系制度也逐渐确立。随着父系氏族社会的确立，社会财产也由公有制向私有制转变。

在父系氏族社会时，氏族和部落组织也发生了显著的变化。一般来说，每个氏族有一个氏族长。他由氏族全体成年男性选举产生，负责处理氏族内部的事务，既无特权，也不一定是终身制。如果不称职，他可以被氏族会议罢免。氏族长可能来自氏族内势力最大的家族，除非特殊情况，被罢免的应当不太多。氏族内部各大家族的长老们，在决定氏族事务时，具有很大的影响力。在一个缺少文字和法律的时代，长老们的知识与经验无疑会得到尊重，即使是氏族长也不好违背他们的意志。由于女性已经在生产中丧失了主导地位，除特别的情形外，她们已经被排除在氏族事务之外。

同母系氏族社会时一样，在父系氏族社会时期，若干父系氏族公社联合在一起，组成部落。部落既可以由原来的氏族扩大而成，也可以由相互通婚的氏族联合而成。所以，氏族虽实行严格的外婚制，部落却可以实行内婚制。部落的管理制度接近于氏族，由全体成年男性选举的部落酋长、长老们组成议事会等组织，其主要任务是处理氏族之间的纠纷以及与相邻部落的关系，大事如宣战、媾和等原则上由部落大会决定。伴随部落之间联系的增强，有可能出现部落联盟。联盟的管理机构与原则跟部落没有太大差别，主要是处理联盟内部各部落之间以及和联盟以外的部落的关系；对各部落的内部事务，联盟一般不会干预。

父系氏族社会时期，由于社会生产力的发展、私有制的产生，社会

成员个体的独立性越来越强。一些人通过把持部落与氏族权力，侵吞公共财产，发动对外侵略战争，逐渐富裕起来。而大多数的氏族成员，或由于天灾人祸的打击，或由于家庭子女太多，日趋贫困化。氏族成员内部的分化，不可避免地削弱了血缘关系，特别是那些逐渐富裕起来的家族，对公有制的限制越来越不满，竭力要在氏族内部确立彻底的私有制，甚至公然利用氏族制度欺压弱者，最终导致了私有制占据统治地位，氏族制度瓦解，阶级社会产生。

 历史的沉思

　　父系氏族社会将母系氏族社会逐渐取代，这个过程从青铜器时代一直延续至今。这种新的社会文化体系对人类历史产生了深刻的影响。私有制的出现是母系氏族社会向父系氏族社会过渡的关键因素，但也与当时社会生产力的发展密不可分，农业、畜牧业和手工业的逐渐形成与发展为男性在生产活动中的地位提升奠定了基础。

古代文明的产生和发展

国家的产生

　　国家的产生是人类历史发展的转折点，标志着原始社会的结束和阶级社会的开始。在国家产生之后，人类社会才真正进入了文明阶段。

　　第二次社会大分工以后，以军事首长为首的氏族贵族集团的权力和财富日益增长，原本通过选举而产生的军事首长变为世袭，人民大会也就没有任何作用了。为了维护地位，也为了争夺更多的财富，一个阶级压迫另一个阶级的机关就产生了，这就是有着负责政治的官员、负责军事的军队、负责刑事的监狱等一整套统治机器的国家。

　　私有制和阶级出现是国家产生的重要前提。国家与氏族最根本的区

别：国家是按地域来划分它的国民，而氏族却是以血缘关系来维系它的成员。

历史的沉思

军事民主制是氏族部落的管理机构走向国家阶级压迫机关的过渡形式，在国家的产生中起了重大的作用。它也是由原始氏族部落向国家统治机关转变的必然过程。古罗马人、日耳曼人、西徐亚人（斯基泰人）等，都经历过军事民主制。

代表着财富的尼罗河

尼罗河是一条流经非洲东部与北部的河流，与中非地区的刚果河以及西非地区的尼日尔河并称非洲最大的三个河流系统。尼罗河全长约6670千米，有两条主要的支流——白尼罗河和青尼罗河。发源于埃塞俄比亚高原的青尼罗河是尼罗河下游大多数水和营养的来源，但是白尼罗河则是两条支流中最长的。

"尼罗河"一词最早出现于两千多年前。关于它的来源有两种说法：一是认为来源于拉丁语"尼罗"（nil），意思是不可能，因为尼罗河中下游地区很早以前就有人居住，但是由于瀑布的阻隔，使得中下游地区的人们认为要了解河源是不可能的，故名尼罗河；二是认为"尼罗河"一词是由古埃及法老尼罗斯（Nilus）的名字演化来的，因为在阿拉伯语里"尼罗河"（Nile）意为大河。

埃及的历史和文明与尼罗河紧密地联系在一起。尼罗河注入地中海，在河口形成了尼罗河三角洲。三角洲地势平坦，河渠交织，是古埃及文化的摇篮，也是现代埃及政治、经济、文化中心。尼罗河下游的三角洲，是人类文明的最早发源地之一，古埃及就诞生在此。

几千年来，尼罗河每年6月至10月定期泛滥。8月河水上涨最高时，淹没了河岸两旁的大片田野，人们纷纷迁往高处暂住。10月以后，洪水消退，留给了尼罗河河谷地区肥沃的土壤。在这些肥沃的土壤上，人们栽培了棉花、小麦、水稻、椰枣等农作物，在干旱的沙漠地区形成了一条"绿色走廊"。埃及流传着"埃及就是尼罗河，尼罗河就是埃及的母亲"等谚语。尼罗河确实是埃及人民的生命源泉，她为沿岸人民积聚了大量的财富、缔造了古埃及文明。约6700千米的尼罗河创造了金字塔，创造了古埃及，创造了人类的奇迹。现今，埃及90％以上的人口均分布在尼罗河沿岸平原和三角洲地区，埃及人称尼罗河是他们的生命之母。

尼罗河干流流经布隆迪、卢旺达、坦桑尼亚、乌干达、苏丹和埃及等国，最后注入地中海。支流还流经肯尼亚、埃塞俄比亚和刚果（金）、厄立特里亚等国的部分地区。由于流经国家众多，如何分配尼罗河的水资源就成了问题。尼罗河的沿岸国家都缺水，围绕尼罗河水资源之争有一天可能会演变成一场战争，这对包括埃及在内的所有沿岸国家，都不是件好事。

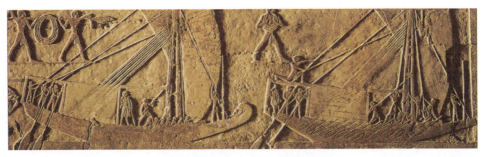

▲ 描绘古埃及控制洪水的泥版画

▲ 尼罗河

历史的碎片

　　地理位置上，尼罗河的西面是利比亚沙漠，东面是阿拉伯沙漠，南面是努比亚沙漠和飞流直泻的大瀑布，北面是三角洲地区设有港湾的海岸。在这些自然屏障的怀抱中，古埃及人可以安全地栖息，不会遭受蛮族入侵所带来的恐惧与苦难。

　　在古代埃及，农业始终是最主要的社会经济基础。每年尼罗河水的泛滥，给河谷披上一层厚厚的淤泥，使河谷区土地极其肥沃，庄稼可以一年三熟。这使得下游地区农业兴起，成为古代著名的粮仓。

　　在文学上，当时古代埃及已有先进的书写载体——莎草纸（比中国古代蔡伦改进造纸术还早了约3000年），这使得后世学者可以研究古埃及文明的重要文献。而莎草是种形状似芦苇的植物，盛产于尼罗河三角洲。

两河流域的早期文明

两河流域（希腊语称这块地方为"美索不达米亚"，意为两河之间的土地）一般指底格里斯河和幼发拉底河中下游地区，也就是现在的伊拉克境内及叙利亚北部一带。这里是人类最早的文化摇篮之一。与尼罗河相似，两河也是每年泛滥，其泛滥较尼罗河更猛烈，而且不定期，不定量。此外，两河流经大片的沼泽地时河水大量蒸发，在到达狭窄的入海口前，沉淀了许多盐分，这造成了土壤盐碱化问题，因此需要通过修建灌溉网来解决此问题。美索不达米亚平原从西北向东南延伸，形似一弯新月。从公元前 5000 年开始锄耕农业，至公元前 3500 年，这里已经是河渠纵横、盛产大麦和椰枣的良田沃野，因此有"肥沃的新月地带"之称。

约公元前 5000 年，在两河流域南部已有苏美尔人居住。约公元前 3000 年左右，苏美尔人在两河流域建立了众多的城邦。大约在 3200 年前，苏美尔人已经发明了文字。因为这些文字好像楔子或钉子的形状，故称楔形字或钉头字。一部泥板书包括若干块刻有楔形字的泥板，按顺序放在木架上，供人使用。这种泥板书至公元 1 世纪才为

▲ 苏美尔楔形字的泥板

羊皮书所取代。楔形字在不同时代、不同地区，书写不同的语言。虽然楔形字早在 15 世纪就被发现，但直到 19 世纪才被成功释读。

在自然科学领域里，古代两河流域最发达的是天文学和数学。在苏美尔人发明的太阴历中，他们以一昼夜为一天，以月亮的圆缺、周而复始为一月；还把一年分为 12 个月，其中 6 个月每月为 30 天，另外 6 个月每月为 29 天，共 354 天，并设闰月来补足。古巴比伦时代，人们已能将恒星和五大行星区分开，还观察出太阳在恒星之间所走的路径——黄道。后来他们又划分出黄道十二宫。

苏美尔人和巴比伦人在数学方面采用两种计算方法：一种是十进位计算法，另一种是六十进位计算法。古巴比伦时代的数学家已经掌握了四则运算，能求出平方根和立方根，能解出 3 个未知数的方程式。他们会把不规则形状的田地划分为长方形、三角形和梯形来计算，然后得出面积总和。他们还会计算体积，能估算出一个截顶角锥形地窖的贮藏量。

历史的碎片

古代的两河流域北部称亚西里亚，亦称亚述；南部称巴比伦尼亚。巴比伦尼亚又分两部分，南部称苏美尔，北部称阿卡德。与苏美尔人同时期居住在两河流域的有阿卡德人、巴比伦人、亚述人及阿摩利人等，同时并存着各种绚丽多彩的文化艺术，不同的文化风格相互掺杂、汇集。

古代两河流域有着很高的建筑技术和雕刻水平。约在公元前 22 世纪，居住在这里的人已经建成了乌尔大寺塔。此塔总共分 4 层，自下往上各层面积逐渐缩小。在亚述帝国时代，亚述人还建筑了萨尔贡二世王宫。该王宫有高大的台基。王宫的大门宏伟壮丽，门的两边各有一高塔，门和塔都饰有琉璃和壁画，前面还屹立着人面牛身雕像。

古代两河流域在雕刻艺术方面有很多代表作。如乌尔王陵出土的金盔、金牛头木琴和乌尔军旗上的浮雕都很有代表性。古巴比伦王国时期的雕刻代表作是《汉谟拉比法典》石碑上的浮雕。

目前世界上已知最早的英雄叙事诗是《吉尔伽美什史诗》，它是古代两河流域最具有代表性的文学作品。该史诗反映了古代两河流域人民同各种暴力进行斗争的场景，歌颂了为人民建立功勋的英雄和英雄的壮举，同时表达了人们认识自然法则和探索人生奥秘的愿望。

▲《汉谟拉比法典》石碑的顶部浮雕

 历史的碎片

1901 年 12 月，由法国人和伊朗人组成的一支考古队，在伊朗西南部一个名叫苏撒的古城旧址上进行发掘工作。一天，他们发现了一块黑色玄武石，几天以后又发现了两块，将三块拼合起来，恰好是一个椭圆形的石碑。石碑的上方刻着两个人的浮雕像：一个坐着，右手握着一根短棍；另一个站着，双手打拱，好像在朝拜。石碑的其余部分是碑文，刻着像箭头或钉头那样的文字。经考证，这正是用楔形文字记录的法律条文——《汉谟拉比法典》。石碑由三块黑色玄武岩合成，高 2.25 米，上部周长 1.65 米，底部周长 1.90 米。石碑的顶部是太阳神、正义神沙马什授予汉谟拉比王象征王权的权标的浮雕（高 0.65 米、宽 0.6 米）。浮雕下面是围绕石碑镌刻的法典铭文，共 3500 行，楔形文字是垂直书写的。《汉谟拉比法典》的发现震惊了考古学界。

印度河流域的城市文明

印度河流域文明体现为城市文明。在20世纪20年代，由考古工作者历经数十年的发掘，在印度河流域陆续发现了200余处城市和村落的遗址。在这些遗址中，最大的城市遗址是摩亨佐·达罗（在今巴基斯坦信德省境内）和哈拉帕（在今巴基斯坦旁遮普省内）。因哈拉帕遗址发现的时间早，学者们又把印度河流域的古代文明称为"哈拉帕文化"。该文明的范围从南到北相距约1100千米，从东至西约1550千米，非常广大。一般学者认为印度河流域文明的创造者是达罗毗荼人。

印度河流域文明中的城市文明是建立在农业经济之上的。在这一时期的粮食作物有小麦和大麦，经济作物有棉花和胡麻，另外还有瓜果、椰枣等园艺作物。在畜牧业方面，已驯养的牲畜有黄牛、水牛、羊、狗、鸡、象、骆驼等。这些驯养的动物，既是耕耘、运输的工具，又是人们肉食的来源。在手工业方面，有粮食加工、棉毛纺织、制陶业、冶金业和珠宝业等。各行业在促进本地商业贸易发展的同时，也促进了印度对外贸易的联系，如同西亚的经贸往来。

从发掘的摩亨佐·达罗遗址中可以看出，在古印度时期的城市建设中，已经拥有了非常发达的下水道疏导系统，而且摩亨佐·达罗与哈拉帕的城市规模很相似，它们都有高大的城墙和宽阔的街道，也都

▲ 摩亨佐·达罗的舞者

历史的碎片

　　哈拉帕文明鼎盛于约公元前2500年至前1750年，几乎与中国的夏朝（公元前21—前16世纪）同时。考古学家在哈拉帕文明遗址还出土了大量的铜器和青铜器，哈拉帕文明属于青铜时代的城市文明。在哈拉帕文明时期，城市的繁荣使商业盛极一时，国际贸易尤为发达。在哈拉帕文明时期已经出现了文字，这些刻在石头、陶器和象牙上的文字至今没有被解读。

　　哈拉帕文明在公元前1900年逐渐走向衰亡，但衰亡的原因至今还不明。有的专家认为是遭到了雅利安人的入侵，也有的说是火山爆发，还有的说是过度开垦和放牧导致土地退化，使哈拉帕文明衰亡。

▲ 摩亨佐·达罗遗址

分为卫城和下城两部分。哈拉帕的卫城是砖墙围成的，这里可能是统治者的居住区；下城则为普通居民区。摩亨佐·达罗的建筑规模较哈拉帕更为宏大：卫城的四周设有防御的塔楼，西部有一处谷仓，南部一组公共建筑物的中心为会议厅，东北部的建筑群中有一座很大的长厅；卫城中央有一个公共浴池，浴池的北面又有多间小浴室。联系到普通住宅也大多备有水井及洗浴设施的情况，给人以古城居民特别爱清洁、讲卫生的突出印象。

从遗迹中还可以看出，当时印度河流域文明已有了国家，哈拉帕、摩亨佐·达罗等大城市便是早期的奴隶制国家。

在公元前 20 世纪的古印度，已经有文字开始使用。而且这些文字主要保存在各种陶、石、象牙制的印章上。迄今所知属于印度河流域文明的字符约有 500 个。

从公元前 14 世纪开始，属于印欧语系的雅利安人，带着他们的战车、人马、畜群、食物和供奉的神龛，一批接一批地从中亚经由印度西北方的山口涌入次大陆。雅利安人最初的故乡在俄罗斯乌拉尔山脉南部草原，后来驮着帐篷出外漂泊，并在中

▲ 印度河流域出土的文物（滑石印章）

　　属于白种人的雅利安人天生自带种族优越感，于是他们把肤色黝黑的印度原住民视为劣等种族。随着雅利安人内部贫富分化，慢慢就形成了印度特有的阶级文化——种姓制度。后来这种制度又和印度教相结合，于是古印度人被分为四个等级：第一等级是出身于雅利安人的婆罗门，他们是祭司阶层，掌管神权、主持祭祀等，是社会地位最高的一层，主宰一切；第二等级是同样出身于雅利安人的刹帝利，他们是军事贵族，由国王、各级武士、官吏等组成，掌管除神权以外的一切国家权利，也就是统治者，他们是社会财富的主要占有者，这些财富是靠剥削后两个种姓得来的；第三等级是出身于雅利安人下层的吠舍，他们主要从事农牧业、手工业和商业等，是普通的劳动者，是自由人，并向国家缴纳赋税；第四等级是首陀罗，主要是被雅利安人征服的印度原住民，也有贫困的雅利安人，主要从事农牧业和手工业，是奴隶阶层，在这四个种姓中处于最低等、被剥削的地位。

　　这四个种姓之间等级森严，界限分明，职业世袭，互不通婚。如果不同等级的人通婚的话，他们所生育的后代将不会被认可，且不属于任何一个等级，是最下等的贱民，也会受到各阶层的歧视和唾弃。

　　印度的种姓制度实质上是一种阶级制度，在人民之间制造隔阂和对立，阻碍了社会经济的发展，严重削弱了印度的民族凝聚力，是造成印度屡次被外族征服和印度社会发展迟缓的重要原因之一。

亚阿姆河和锡尔河之间的平原寻找新的家园。其中进入伊朗高原的一支成为后来的米底人和波斯人，向南的一支进入印度河流域。

由于雅利安人是白种人，被认为是高贵的统治者，所以他们把所征服的皮肤黝黑的达罗毗荼人说成没有鼻子或只有扁平鼻子的、说邪恶语言的人，称其为"达萨"或"达休"（意为敌人）。在漫长的征服过程中，雅利安诸部落同"达萨"之间展开了激烈的战斗。摩亨佐·达罗最终被彻底摧毁了。

▲ 婆罗门教三大主神之一梵天

 历史的沉思

雅利安人的入侵虽然给古代印度带来了不同的文化元素，但也曾使印度河流域文明受到了极大的冲击。后人想了解印度古代文明，或许只能从考古工作者发掘的古城遗址、印章上的字符等方面去寻找。这虽给后人对印度文明的研究和了解带来了不便和挑战，但也因其神秘的文化色彩深深地吸引着世界各地的历史文化爱好者。

华夏文明的源头

华夏文明的发源地以北方的黄河流域和南方的长江流域为主。早在公元前 5000 年左右，中原华夏族已经在黄河流域开始了农耕文明，在长江流域出现的良渚文化最晚的时期也在公元前 2500 年左右。

大约在公元前 2500 年，在黄河流域和长江流域有许多部落居住，其中最著名的是以黄帝、炎帝和蚩尤为首的三大部落。后来黄帝联合炎帝打败了蚩尤，华夏文明实现了初步的统一，黄帝、炎帝和蚩尤因此也被后世称为"中华三祖"。

华夏文明自炎黄之后，出现了尧、舜、禹三位有名的部落首领，他们都是通过部落联盟推选而产生的。

禹代舜为华夏部落联盟领袖后，皋陶因贤能被推荐为接班人，可是皋陶在禹代舜后不久就病死了。禹建立自己的政权以后，又选定了益（即伯益）作为自己的继承人，并且将政事也交给益处理，有意培养益。后因益虽然助禹治水，但时间短，资格不够，各部落首领都不拥护他，而拥护禹的儿子启。因此，古代的"禅让"制度遭到了破坏，父子、兄弟相传的王位世袭制度确立了。氏族社会那种"天下为公，选贤与能"的"大同"世界已经结束，这是历史发展的必然结果，也是古代中国历史上的一个重大变革。于是启建立了中国历史上第一个王朝——夏朝。

▲ 夏禹王像

自夏朝以后，中国又经历了商朝和周朝，夏商周是中国历史上最早

的三个朝代，因此被认为是华夏文明的源头。经过这一时期的不断发展，中国在农业、手工业、建筑业、文化、医学等方面已经很发达。而且早在氏族部落时部落首领黄帝就会造车、造舟，而且还会制作衣服，黄帝的妻子嫘祖发明了养蚕缫丝；炎帝不但发明了农具耒耜提高生产力，还通过尝试百草为百姓治病，从而为中医的发展奠定了基础。

早在夏商周之前，华夏族就已经在陶器上刻有类似文字的符号，后来被发现并出土的甲骨文，最早记录了商朝社会活动，如政治、经济、军事、风俗文化等。甲骨文是目前我们能见到的最早的成熟汉字，属于象形文字；后来发现的周朝青铜器上刻有的文字，被称为金文。

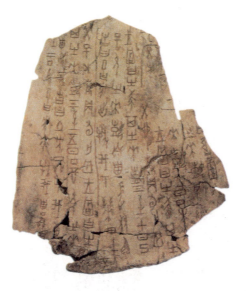

▲ 商朝时刻在牛骨上的甲骨文

 历史的沉思

　　人是社会的主体，一切社会活动是人的活动。社会是由人与人形成的关系总和。生产力的提高和生产关系的变化导致社会矛盾的产生，从而推动着人类社会的发展。人类社会必然会经历从低级到高级的发展过程。

历史的碎片

甲骨文又称"甲骨卜辞""龟甲兽骨文""殷墟文字"等，是在中国目前能见到的最早的一种古老的文字。早在商朝时，王室在占卜记事的时候，把这种文字刻在龟甲或是兽骨上，因此被后世称之为甲骨文。

甲骨文最早被发现于清朝末年，是在河南安阳的小屯村被发现的。当时人们不知道这是甲骨文，只知道这是医书上记载的一味叫"龙骨"的中药。后来有位名叫王懿荣的北京官员得了病，购得此药。在医病时，他发现在这些龙骨上刻画了很多像文字的符号。经查阅古书典籍，他终于找到了古人占卜的资料，而这些龙骨就是古时占卜用的龟甲。于是，沉睡在地下三千多年、中国最古老的文字终于被发现了。因此，王懿荣成了发现和收藏甲骨文的第一人。

在当时，甲骨文的发现不但引起了民间的盗墓热潮，也引起了当时的学者、民国政府以及外国人士的重视。为此，当时的中央研究院历史语言研究所考古组还专门成立了以董作宾、李济、梁思永等为首的考古队，对小屯村的甲骨进行科学的考古发掘。经过10余年、共15次的发掘，总共出土了大约2.5万片甲骨，与此同时，还发掘了商代的宫殿、宗庙、王陵等遗址，并出土了大量珍贵的非常具有考古价值的铜器、玉器、陶器等。这些遗址和文物的发现，为研究商代历史文化提供了重要证据，无论是在历史学上，还是考古学和文字学上，都具有重大意义。

甲骨文的发现，殷墟文化的发掘，不但震惊了中外学术界，还形成了研究甲骨文的学科"甲骨学"，其中最著名的是以罗振玉为首的"四堂"（罗振玉号雪堂，另外三人是：王国维，号观堂；董作宾，号彦堂；郭沫若，号鼎堂）。

▲ 周公像

关于夏朝宫殿没有明确的文字记载，但已被发掘的二里头遗址（在今河南洛阳）里的大型宫殿，规模很大，建筑系统很完善。不过，商朝时的宫殿规模要比夏朝时大得多，建得更加富丽堂皇。

周朝时经过周公辅政，自上而下为整个社会制定了一套完善的社会制度，华夏文明得到进一步的发展，社会发展达到了一个新高度。

古希腊城邦制国家

在古希腊荷马时代末期铁器得到普遍推广。铁器的普遍使用，使得希腊社会经济、农业、工业、商业等得到了快速发展。与此同时，希腊不断地与东方交往，吸收并利用了大量东方文明成果，从而使希腊人站在更高的历史起点之上，构建了不同于东方的国家体制。

经济的快速发展加速了氏族部落里两极分化，从而使贵族和平民之间因土地、债务等问题，展开了激烈的斗争。经过一系列的斗争后，新的阶级压迫工具——国家产生了。在古希腊，国家是以城邦的形式存在的。其形成方式和途径大致分三类：一类是在早期移民和后来大殖民运动中建立的城邦；一类是在氏族制度解体并征服其他居民的过程中建立的城邦；另一类是在自身氏族制度解体和阶级分化的基础上通过"改革"产生的城邦。

在城邦刚形成的时候，城邦国家普遍实行贵族政治，所有的权力都集中于由军事民主制时代的长老议事会转化而来的贵族会议手中。随着经济的发展，步兵代替了骑兵，平民的地位逐渐提高。后来随着平民不断地向贵族发起挑战，曾一度出现了僭主政治。经过平民与贵族的斗争，有的城邦建立了民主政治，比如雅典；有的城邦因贵族势力太大，建立了贵族寡头政治，比如科林斯。长期维持贵族寡头政治的城邦只有斯巴达。

因社会不断地向前发展，希腊半岛耕地少，土壤贫瘠，粮食生产速度跟不上人口增长的速度，再加上一些自然灾害，所以一些没有土地的人不得不背井离乡，去海外谋生，比如开拓殖民地。商品经济的发展和土地私

▲ 斯巴达城邦的陶瓶

有制，致使大量的平民去海外寻找更多的土地，另寻生路。随着去海外殖民团体的人口越来越多，从而形成了一股殖民运动的大浪潮，这在古希腊历史上被称为"大殖民时代"。

为了抵抗当地居民的袭击和海盗的骚扰，一般一个殖民团体每到新地方就开始一起建筑城堡，形成新的城邦。在城邦里他们选举出元老掌管政务，他们也就成了新城邦的平等公民。公民在享有土地的同时，还有参政议事的权利。但在他们中间也有贵族和平民之分。随着人口增长和社会经济发展，许多城邦开始有计划地组织公民外出殖民，以掠夺土地、奴隶、原料和市场。

沿黑海周边地区当时还处在原始社会，在西方除了腓尼基人的殖民地外没有什么大国，当时小亚细亚的吕底亚还没兴起，因此古希腊殖民运动能够顺利进展，并且范围不断地扩大。他们在地中海北部等广大地区，先后建立了一百多个城邦，比如科林斯人建立的叙拉古、斯巴达人

建立的塔兰托、迈加拉人建立的拜占庭、米利都人建立的奥尔比亚等。这些城邦采用母邦的政治制度、文字、历法、宗教、习俗等，在城市内建有母邦所信奉的神祇的庙宇。也有些最初建立的殖民地后来再去建立殖民地，如阿哈伊亚人在意大利建立了锡巴里斯，锡巴里斯又建立了波塞多尼亚。

通过殖民扩张，古希腊人不但开阔了眼界，而且使古希腊的土地在世界范围内不断扩大。殖民运动使古希腊在海上贸易、工商业、文化交流等方面得到快速发展，从而推动整个古希腊社会的全面发展，让古希腊成了东西方的文化、经济纽带。殖民运动的进一步发展巩固了古希腊的小国寡民的城邦制度，使其始终未像东方国家一样，建立统一的专制帝国。

 历史的碎片

古希腊殖民运动开拓者主要为城邦内战中因失败而逃离的一方，被陶片放逐制所驱逐的不受欢迎者，由于城邦人口过剩而无地或地少的人或团体等。他们来到海外的主要原因是为了生存或避难，也有的人是因为传说或诱惑而加入进来。古希腊海外殖民使得当时的希腊人的眼界得以开阔，促进了经济的发展和文化的交流，从而为希腊古典时期政治、经济、文化的繁荣奠定了基础。

埃特鲁斯坎人

意大利位于欧洲南部、地中海沿岸，主要由亚平宁半岛及两个位于地中海中的岛屿（西西里岛和萨丁岛）组成，首都罗马。意大利有着历史悠久的灿烂文化，不仅是欧洲文艺复兴运动的发祥地，也是古罗马文明的摇篮。但许多人也许不知道，意大利所在地区的文明并非源于古罗马时代，早在公元前1000年有一个富有传奇色彩的古代民族就已经定居在这里，并创造出高度发达、繁荣达几世纪之久的民族文化。古希腊人称这个民族的人为蒂勒尼安人，后来人们普遍称之为埃特鲁斯坎人（也译作"伊特拉斯坎人"）。

埃特鲁斯坎人在亚平宁半岛定居后，最初的活动区域是在现今意大利的北部。公元前8世纪中叶，埃特鲁斯坎人已迈过艰难困苦的创业时期，开始进入繁荣阶段。他们在意大利北部建立了伏拉特雷、塔尔奎尼、克卢苏姆等12座城市，并开始通过海外贸易与古希腊、西亚和北非的一些国家建立联系。公元前6世纪时，埃特鲁斯坎人所在地区的社会繁荣达到了高峰。他们以意大利北部的托斯卡纳地区为中心，积极向半岛的中部和西部扩张，不仅征服了罗马城，而且占据了科西嘉岛。在这一时期，埃特鲁斯坎人与古希腊人和北非的迦太基人之间的文化、经济交往非常频繁。而古希腊文明的积极影响，无疑是促进埃特鲁斯坎人社会繁荣的一个重要因素。

后人想从埃特鲁斯坎人遗留下的文字里，直接领略这个民族在繁荣期所创造的文化奇观。但遗憾的是，他们的文字已不见于文书形式而仅存于一些墓志铭的碑文当中。经考古学家和语言学家考证这些墓志铭上的碑文，虽有一些字母与希腊字母相近，但基本语体却不属于印欧语系，并且没有其他已知的古代语言能与之进行类比，因此至今无人能够释读。唯一让人感到庆幸的是，从埃特鲁斯坎人遗留下的一些随葬品中，我们还可以窥见这个古代民族昔日文明的光彩。

在后来发掘的科内托和塞尔维特里两处墓葬中，人们惊喜地发现一个可与古埃及、古希腊的奇珍异宝相媲美的艺术世界。在大量的工艺品当中，制作精美、造型奇特的彩色陶瓶最令人称绝，色彩有红、黄、蓝、灰、褐、黑、白多种，色调凝重，配色和谐，画面线条的运用十分

活泼自如，整体构图的安排也很精心讲究，在表现题材上更是不拘一格的。从美丽端庄的女祭司、体魄强健的狩猎人、奔跑跳跃的青年男女到各种植物、树木、花草、飞鸟和野兽，应有尽有。这些精湛的工艺品，不仅反映出埃特鲁斯坎人在公元前6世纪时已在陶瓶绘制方面达到了极高水平，而且也多少展现出埃特鲁斯坎人社会生活的一些侧面。如在科内托一地墓穴中发现的一个两耳细颈酒罐上，就以绘画形式出色地表现了一次体育盛会的情景；上面既有拳击、爬竿、赛马、投掷等进行中的比赛项目，又有乡民观看比赛、武士演习助威、女孩起舞庆祝的热闹场面；表现力十分丰富，以简洁明了的手法造成了隆重壮观的氛围效果，给人以深刻的印象和强烈的艺术感染力。

根据考古学家的发掘成果，现在人们已初步了解到埃特鲁斯坎人的社会生活内容十分丰富。他们喜爱体育、音乐、舞蹈、习武、狩猎、盛宴和大规模的庆祝集会，具有豪爽奔放、勇猛热情的民族特性。埃特鲁斯坎人对妇女十分尊重，妇女与男人在社会地位上是平等的。这个民族还非常注重和保持男女之间热烈、真挚的情感，在出土的人物雕塑中就有不少表现青年男女平等互爱的作品，充满了人情味并洋溢着青春气息，这在古代其他民族创作的艺术题材中是不多见的。埃特鲁斯坎人还有一个十分有趣的民间习俗：当朋友和亲戚们聚会欢宴时，有意邀一些青年男女参加，让他们彼此相识；如果在他们当中出现了萌生爱情的恋人，宴会的主办者将负责择定佳日良辰为他们举办婚礼。

埃特鲁斯坎人在城市建筑、工艺技术、政治管理、军事组织、宗教礼仪以及服装设计等方面，也都获得了极大的发展。值得注意的是，这种发展是在本民族自我创造、自身进步的基础上取得的。虽然外来文明尤其是古希腊文明对其发展有一定影响，但埃特鲁斯坎人创造的一切都带有鲜明的民族特点。这种源于意大利半岛并在这块土地上扎根的埃特鲁斯坎文明，对以后在意大利半岛上产生的古罗马文明产生了广泛、深远的影响，尽管后来古罗马人在取得更高的文明成就后不愿意承认这一点。

　　埃特鲁斯坎人在经历了长期的繁荣阶段后，是如何衰落的呢？多数史学家认为，公元前4世纪原居住在多瑙河上游地区的克尔特人侵入意大利北部，致使埃特鲁斯坎人失去了在半岛上的活动中心而趋于衰落。还有的史学家认为，埃特鲁斯坎人统治的区域范围很大，治理不善，他们对征服地区居民的压迫政策导致当地民众起义，这是埃特鲁斯坎人衰落的原因。

 历史的沉思

　　关于埃特鲁斯坎人究竟从何处而来，是一直以来争论不休，但谁也说不清的问题。

　　有的历史学家认为埃特鲁斯坎人来自小亚细亚的吕底亚一地（今土耳其安纳托利亚地区），这些小亚细亚移民后经地中海到达了意大利中部的翁布里亚，并在那里定居下来。

　　也有的历史学家认为埃特鲁斯坎人就是意大利最早的原住居民。

　　还有学者认为埃特鲁斯坎人是从中欧地区向南越过阿尔卑斯山，进入意大利定居的北方蛮族。

　　以上这三种关于埃特鲁斯坎人来源问题的意见，时至今日也还是各有各的一批拥护者。但似乎较多的学者认为埃特鲁斯坎人来自小亚细亚半岛。另外两种意见的拥护者对此并不服气，他们不遗余力地搜寻可以作为佐证的蛛丝马迹，尽管这有点捕风捉影的味道。埃特鲁斯坎人究竟来自小亚细亚，还是中欧，或是"土生土长"？这个难解之谜只有留待考古学新的重大发现加以澄清了。

波斯帝国

公元前6世纪，古波斯人在居鲁士二世的领导下，经过3年的奋力抵抗，终于在公元前550年彻底灭掉了长期统治他们的米底王国，并建立了波斯帝国。居鲁士二世采用了米底人的大多数法律和法规，并对米底国王阿斯提阿格斯以礼相待，并对他的忠告言听计从。

在米底王国的基础上，居鲁士二世通过外交手段和军事实力不断向外扩张。从公元前546年至公元前539年，他先后征服了小亚细亚西部沿海各希腊城邦、吕底亚、新巴比伦，同时将古叙利亚大部分地区划入波斯版图。

公元前530年，居鲁士二世在中亚细亚战败身亡，其子冈比西斯二世即位。后来，僧侣高马达趁冈比西斯二世远征埃及期间，在公元前522年3月发动政变，篡夺王位。冈比西斯二世随即挥师回国，却在归途中神秘死去。冈比西斯二世的随从大流士杀死高马达，登上王位，称大流士一世。

波斯帝国在大流士一世的统治下，在政治、经济等方面呈现出前所未有的繁荣强盛。波斯波利斯就是波斯帝国大流士一世下令建造的都城，希腊人称这座都城为"波斯波利斯"，意思是"波斯之都"。

波斯帝国幅员辽阔，从西方的巴尔干半岛北部一直延伸到印度河流域，从北方的高加索到埃及的南部，占地面积约700万平方公里，地跨欧亚非三大陆。如此广阔的地区，政治结构、经济生活和宗教信仰都颇为不同。其中比较发达的地区，如两河流域、埃及、小亚细亚等地，已经有了几千年的文明史，社会生产比较发达，城市也有相当的发展，以国王为首的官僚体系大体形成。但在巴尔干半岛北部的色雷

▲ **各国使节向波斯国王献上贡品**

斯，当地居民可能还处在部落时代与游牧状态。在宗教上，波斯帝国的统治者信奉琐罗亚斯德教；埃及人可能仍信奉他们的阿蒙神；犹太人信奉犹太教；其他居民可能都在某种程度上保存着自己的信仰。每个被征服的国家也许更像一块民族和文化的马赛克，因波斯帝国的征服与统治而被联合在一起。为加强统一，波斯曾经在帝国范围内推广使用古波斯语。不过这样的措施有多大成效，恐怕连波斯国王大流士本人都没有把握，否则他也不用把宣扬自己取得胜利和声威的《贝希斯敦铭文》用古波斯文、埃兰文和巴比伦文三种文字刻写了，也不用在发布诏令后，将古波斯语译成当地的语言，并且由当地官吏执行了。

在波斯帝国统治下，波斯人可能享有特权。各地最重要的官职、军队的统帅，可能都由波斯人担任。与波斯人同族的米底亚人可能也有资格担任一些重要职务，例如征服小亚细亚希腊人的波斯军队统帅就是米底亚人。其他民族可能照旧耕种自己的土地，但需要向波斯政府交租纳税，承担劳役。在波斯波利斯的铭文中，有希腊人在那里从事建筑的记载。公元前500年小亚细亚希腊人的起义，与波斯劳役和赋税的加重大概不无关系。在修建都城苏撒时，大流士动用了帝国各地的人力和物力。

历史的碎片

　　在古波斯文化中，波斯人喜欢从被征服的国家中吸取艺术灵感和文化特色，并把它们与本地传统文化相结合，形成具有自己特色的文化特点。这种文化具有鲜明的多样性、开放性和兼容性。

　　在大流士一世时，古波斯语、巴比伦语、埃兰语和埃及语被人们所使用。在波斯波利斯宫殿里，那两头带有翅膀的公牛石雕，就是源于叙利亚的寓言动物。除此之外，波斯波利斯宫殿上的浮雕图案所塑造的各民族人物形象，很明显受到了古希腊和古埃及等地的艺术影响。这一切说明古波斯文化已经走向了国际化。

　　波斯文化中，最有特色的可能是建筑。对波斯统治最有用的工程应当是修建了从尼罗河通向苏伊士湾的运河。该运河本由埃及法老们动工兴建，后因伤亡太多停工。大流士一世完成了该项工程，让波斯的船只可以从红海直接驶入埃及。此外，为进军希腊，薛西斯一世在希腊北部的阿陀斯半岛完成了一道运河。但是，波斯最宏伟的建筑仍然是王宫。前述波斯波利斯宫殿的建筑，动用了波斯帝国各地的人力物力，连希腊人也有所贡献。该城位于高出周围平原 15.24 米的天然平台上，背靠山坡，其中的觐见大殿面积近 3716.12 平方米。薛西斯宫殿据说

▲ 波斯贵族

有 72 根柱子支撑，柱子一律为大理石，高约 19.5 米，柱身有凹槽装饰，柱头为螺旋形花蕾，与希腊的爱奥尼亚柱式比较接近。像亚述宫殿一样，波斯宫殿也有雕刻和绘画装饰。可惜该城于公元前 4 世纪末被马其顿国王亚历山大三世（史称亚历山大大帝）放火夷为平地，大多数建筑和雕刻都化为废墟，只留下一些柱子和阶梯。其中的仪式阶梯上的雕刻，犹如波斯帝国的艺术陈列馆，共出现了 3000 多个人物，描绘着波斯统治下的各附属国向波斯王进贡的情景。今天的学者们根据这些图像服装的不同，能够辨认出他们的民族成分。

从居鲁士二世建立波斯王国，到大流士一世执政，前后仅 28 年时间，波斯即从一个蕞尔小邦成长为古代世界第一个地跨亚、非、欧三大洲的大帝国。

公元前 334 年，马其顿的亚历山大大帝率军东侵波斯，波斯军队节节溃败，大流士三世在逃亡途中被杀，延续两百多年的波斯帝国至此灭亡，西亚、北非的古代文明也随之宣告终结。

▲ 波斯波利斯宫殿遗址全景

希波战争

从公元前 6 世纪后半叶兴起后，波斯帝国就一路西侵，于公元前 546 年灭了小亚细亚的强国吕底亚。在此之前，包括米利都在内的小亚细亚沿岸古希腊的爱奥尼亚城邦已受吕底亚的控制。

吕底亚灭亡之后，这些古希腊城邦也被波斯帝国征服。约公元前 514 年，波斯帝国皇帝大流士一世渡过博斯普鲁斯海峡，入侵多瑙河以北的斯基泰人。此次战役虽然失败，却控制了色雷斯和黑海海峡，直接威胁到希腊半岛的各城邦。

黑海沿岸是古希腊各邦，尤其是雅典的重要粮食供给基地和商品市场。波斯帝国控制黑海通道后，不仅使古希腊和黑海交通困难，而且已归附波斯帝国的腓尼基人也将乘机侵夺古希腊人的海外商业利益。

波斯帝国为了西侵掠地，以雅典为主战场，与古希腊城邦之间展开了一场旷日持久的战争。

公元前 492 年波斯帝国开始进攻希腊本土，战争延续了 43 年。直到公元前 449 年，雅典才和波斯缔结和约。

希波战争的第一阶段是公元前 492 年至公元前 479 年。

这时波斯帝国入侵古希腊，古希腊各城邦的应战带有自卫和反侵略的性质。爱奥尼亚城邦的反抗被扑灭以后，波斯帝国便借口雅典和爱勒特里亚曾出兵援助米利都，要对之进行惩罚。

大流士一世于公元前 492 年和公元前 490 年两次大举西侵。第一次西侵因海军在阿托斯海角遭飓风覆没，半途而退。第二次的西侵则于毁灭爱勒特里亚后进入阿提卡。雅典军奋勇应战，在城东北 30 公里的马拉松平原以少胜多，打败了波斯军。波斯帝国想从雅典正面登陆的企图也未能实现。

马拉松战役后，雅典发生内讧，奴隶主民主派得势。民主派领袖泰米斯托克利反对贵族派的陆军政策，力主扩充雅典海军，用劳里昂银矿的收入建造了100多艘三层桨座的战舰，征集第四级公民充当海军水手。

公元前480年，当波斯帝国皇帝薛西斯一世亲率海陆大军再度入侵古希腊时，雅典的实力已较过去加强，古希腊各城邦也比较团结，共有30多个城邦组成了反波斯同盟。斯巴达统率古希腊联军，雅典则是联军的实际组织者。虽然帖撒利亚、底比斯等城邦对波斯妥协归附，但由于雅典、斯巴达、科林斯等主要城邦皆已参战，仍可说这是古希腊人空前未有的抗拒外侮的大联合行动。

薛西斯一世统率的陆军进入古希腊中部时，在温泉关（音译为德摩比勒）一役遭到由斯巴达王列奥尼达一世率领的少数守军的殊死抵抗。波斯军队靠奸细的帮助抄小路包围了列奥尼达及其守军，守军力战至死，列奥尼达被枭首。温泉关战役成为古希腊历史上爱国主义战斗的典范。

波斯陆军由温泉关南下，很快攻入雅典，雅典居民事先已全部撤离。这时斯巴达主张退保科林斯海峡，泰米斯托克利则竭力反对，并设计引诱波斯海军进入海面狭窄的萨拉米湾，选择有利地点进行决战。此次战役雅典几乎全歼波斯海军，从而扭转

▲ 希波战争中举剑砍向波斯人的希腊人

了整个战局，奠定了古希腊人胜利的基础。

　　萨拉米战役之后，薛西斯一世率主力退回亚洲，但在希腊半岛上留有一支陆军。公元前479年，这支陆军又在普拉提亚的布拉底被希腊联军击溃，残余部队被迫退出希腊。与此同时，在小亚细亚的米卡尔海角，雅典海军又歼灭了波斯海军的残余力量，小亚细亚和附近岛屿的古希腊城邦陆续获得独立。战争的第一阶段终以波斯帝国侵略的彻底失败而告终。

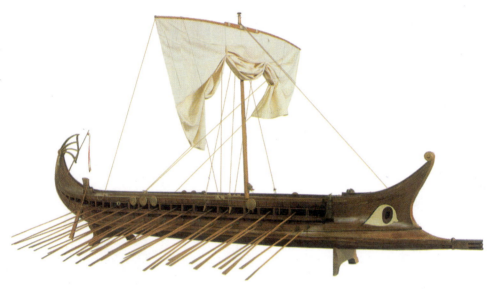

▲ 希波战争中雅典海军的战舰

　　在古希腊的西部，也发生了和萨拉米之役遥相呼应的战斗。古希腊的移民城邦，以西西里岛的叙拉古为首，抗击与波斯同盟的迦太基人的进攻。据说波斯和迦太基曾相约同时攻击希腊的东西两面，使其首尾不能相顾。

　　公元前480年希墨拉之役，叙拉古击败迦太基，得到8000塔兰特白银的赔款。自此以后，叙拉古便成为古希腊西部的一大霸国。它在僭主革革隆（前485年—前478年在位）和希伦（前478年—前466年在位）时期，奴隶制的经济文化都很繁荣。

希波战争第一阶段的胜利结束，对雅典等古希腊城邦具有重大意义。由于雅典等城邦击退波斯的侵略，控制了整个爱琴海，其工商和航海事业得到充分发展，促成公元前5世纪古希腊各主要城邦的强盛。

　　公元前479年之后，古希腊人的胜利已成定局，战争便进入第二阶段（前478年—前449年）。这时雅典大肆扩张，对波斯帝国采取攻势，战争都在海外进行。雅典不但迫使波斯帝国不得染指爱琴海，并且乘机加强对爱琴海地区大部分古希腊城邦的控制，建立了海上霸权。希波战争的第二阶段同时是雅典大举对外扩张的阶段。

历史的碎片

　　世界上著名的体育长跑运动项目马拉松，就是来源于希波战争中的马拉松战役。公元前490年，当波斯人到达马拉松平原对希腊人发起第一次进攻时，为了不让雅典落入波斯人的手中，雅典人向斯巴达人求助。为了把这个求助的消息送达到斯巴达人那里，有个善于长跑的人，跑了100多公里才到达斯巴达城，这个人叫斐迪庇第斯。可是当他到达斯巴达城后，斯巴达人却说得十天后才能发兵救援。于是，斐迪庇第斯又以最快的速度返回了雅典城。在斯巴达人到达之前，雅典人就已经与波斯人开战了。

　　在勇猛的雅典人的猛烈反击下，波斯人终于被打败了。为了把胜利的消息告诉雅典人，长官又命令斐迪庇第斯跑回去告诉他们。当斐迪庇第斯跑了40多公里，把胜利的消息告诉雅典人后，最终因体力不支，累死了。

　　为了纪念这场战役和斐迪庇第斯的功绩，在第一届奥林匹克运动会上特别增设了马拉松项目。这项比赛项目的距离为42.195公里，正好是斐迪庇第斯最后长跑的距离。

公元前 478 年，以雅典海军为首的古希腊舰队进攻黑海海峡，占领了赫勒斯滂左岸的要塞塞斯托斯。此时，没有海外利益的斯巴达人已退出联军，战争的全部领导权落在雅典人手中。

公元前 449 年，雅典又在塞浦路斯以东海域打败波斯军队，随后双方缔结和约，波斯帝国放弃对爱琴海的霸权，承认小亚细亚海岸古希腊城邦的独立，希波战争正式宣告结束。

古希腊哲学

古希腊留给后人诸多的宝贵财富，哲学无疑是其中最重要的一笔。

公元前 6 世纪至公元前 5 世纪在希腊本土以及地中海沿岸出现古希腊哲学，它是西方哲学最初萌芽和发展的阶段。古希腊哲学在很多方面为现代哲学与现代科学铺开道路。古希腊哲学家对后世产生的影响从未间断，从早期基督教神学、穆斯林哲学到文艺复兴，再到启蒙运动和现代的普通科学，都可以见得到。

古希腊哲学的产生，源于人们对自然的思考。太阳的东升西落，星辰的移动变化，海水的潮涨潮落，万物的出生和死亡，都令古希腊人去猜想其背后的规律是什么。同时，由于处于东西方的交通要道，各地的文明都在这里交会，古希腊人的思想更为活跃。这些都促使了古希腊哲学的产生。

古希腊众多的哲学家中，有两位堪称巨擘：柏拉图和亚里士多德。

柏拉图是一个非常有影响力的古希腊哲学家，师从苏格拉底，并教导过亚里士多德。他最著名的作品是《理想国》，书中描绘了他幻想的"完美"国家。他也写了《律法》和许多对话录。柏拉图在年轻时就成了苏格拉底的学生，而且参加了对他老师的审讯。柏拉图积极传播自己的哲学观点，并留下相当多数量的手稿。

亚里士多德是柏拉图的学生，也留下了很多的作品。亚里士多德重视从感观获得知识，认为经验是我们获得知识的唯一来源，因而他常被看作是经验主义者。作为一位百科全书式的科学家，亚里士多德对后世的贡献极大。如今存于世间的亚里士多德的作品多以论文形式出现，其中大部分并未被作者在生前发表。他的写作涉及物理学、形而上学、伦理学、政治学、心理学、教育学、诗学等非常广泛的领域。

柏拉图是亚里士多德的老师，但他们对幸福的理解却不太一样，因此两人有非常不同的幸福观。亚里士多德认为，幸福就是至善，幸福的生活就是灵魂与美德相一致的生活，世间万物的存在都是有目的的。柏拉图认为，在可感的现象世界中，最崇高、最伟大和最完美的就是太阳，因此在可知的理念世界也有一个最为崇高、最完美的理念，这个理念就是善。所以，柏拉图认为，善其实不仅仅是一种道德规范，更重要的是一种对完美精神的追求。柏拉图和亚里士多德的幸福观折射出他们在哲学上所持的两种态度：唯心主义和经验主义。

除了这两人之外，苏格拉底、毕达哥拉斯、赫拉克利特等也都是著名的古希腊哲学家。

▲ 拉斐尔的壁画《雅典学院》

亚历山大帝国的衰亡

通过亚历山大（即亚历山大三世、亚历山大大帝，简称亚历山大）的军事征服，马其顿王国从一个地处希腊北部的小国，变成了地跨欧、亚、非三洲的大帝国。亚历山大帝国的疆界东起印度河流域、西到伊里利亚、南到波斯湾并包括埃及、北至锡尔河。如何统治这样广大的地区，是摆在亚历山大面前的一个艰巨任务。

亚历山大的第一项措施，是尊重被征服地区的宗教和文化习惯。在埃及，他自称是太阳神阿蒙之子；在波斯，他以波斯帝国的继承者自居，处死了背叛大流士三世的比索斯；在印度河流域，他废黜了那些投靠马其顿、在当地声名狼藉的统治者，而对勇敢地与他对抗的波鲁斯，他不但许其保留王位，而且还扩大其统治地区，从而使波鲁斯成为亚历山大忠实的支持者。诸如此类的措施，为他争得了部分上层统治阶级的支持。

▲ 亚历山大头像

第二项，改造马其顿传统的君主制，促使其尽快向专制君主制转变。马其顿的君主制本来相对原始，国王和高级将领、贵族士兵之间的区别并不严格，贵族们被称为王友；国王登基时，必须得到士兵大会的同意。当士兵们对国王的政策不满时，可以罢战。占领波斯的广大地区后，亚历山大着手加强王权。他依靠东侵期间夺得的大量财富，笼络部分将领与士兵，打击那些敢与他对抗的势力。为摆脱马其顿人中仍存在的民主残余观念，亚历山大大批征用波斯青年，按马其顿方式对他们进行训练，以对马其顿人施加压力，强迫马其顿人承认他作为君主的无上权威。在此过程中，他大造舆论，把自己打扮成天神的后代，神化王权。在制度上，他广泛采用波斯宫廷礼仪，强迫马其顿人像波斯人一样对他行跪拜礼，以强化国王与贵族、士兵之间的等级差别。

第三项，采用波斯的行政制度，在中央建立比较完善的官僚体系，在地方上实行行省制，以马其顿人、希腊人和信任的波斯人占据要津，加强对地方和被征服地区的统治。

第四项，鼓励希腊人与被征服地区的人通婚，努力促进东西方不同民族间的融合，企图以此来缓和马其顿人与被征服者之间的矛盾，扩大帝国的统治基础。为此，亚历山大带头与大流士三世的女儿结婚，并给

▲ 亚历山大进入巴比伦

那些与波斯女子结婚的马其顿士兵礼物。

第五项，在各个战略要地建立城市，分派马其顿人和希腊人居住，将这些希腊人的城市作为加强统治的据点。据说亚历山大东侵途中一共建立了70多座城市，其中有些城市，如埃及的亚历山大里亚，后来发展成为著名的政治、经济和文化中心。

亚历山大帝国，是一个不同地区、不同民族的联合体，是因马其顿人的武力征服而临时被集中到一起的松散联合体。这个联合体能否继续存在，很大程度上取决于统治阶级的力量和团结程度。当亚历山大在世时，由于他个人在马其顿人和波斯人中享有较高威信，反叛者不多。亚历山大采取的措施，对巩固帝国的统治，也具有一定的积极作用。可是帝国的离心力在亚历山大去世前已有所表现，如：部分马其顿人对亚历山大任用波斯人、鼓励马其顿人与波斯人融合的政策并不支持，部分波斯总督也表现出独立倾向。

公元前323年，亚历山大突然病死于巴比伦，这加快了帝国瓦解的进程。当时，亚历山大还没有直系继承人。军队的高级将领们为争夺权力，立刻开始了明争暗斗。斗争起初局限于宫廷，但很快发展成公开交战。在随后的战争中，亚历山大的遗腹子、妻子罗克珊娜及兄弟先后被杀。但是，将领们实力有限，谁也无力把整个帝国统一起来。公元前301年伊普苏斯战役后，帝国实际上已分裂成三部分：托勒密王朝统治下的埃及，塞琉古王朝统治下的两河流域、伊朗和叙利亚等地，以及卡山德王朝统治下的马其顿王国。塞琉古王朝统治的地区虽然广大，但种族和地区差别也最明显，维持的时间也最短暂。首先是印度河流域脱离了它的控制，然后是中亚分裂了出去，小亚细亚建立了帕加马王国。塞琉古王朝能够控制的，不过是叙利亚等不大的一片地区而已。

历史的碎片

亚历山大大帝在征服小亚细亚、叙利亚和埃及后，决定在地中海沿岸建造一座横跨亚、非、欧三洲的港口城市，以便统治这三洲。于是他亲自绘制城市草图、规划城墙位置线，开始召集建筑师们动工兴建新城。亚历山大还为新城起了个名字，叫亚历山大里亚，即亚历山大城。

亚历山大里亚于公元前332年冬季建造，以后不断扩建。到公元前1世纪时，该城人口约有55万至100万，面积相当于雅典城的3倍。在希腊化时代中，亚历山大里亚一直是托勒密王国的首都，也是当时最大的一座城市。

亚历山大里亚是希腊化时代的商业中心。古罗马著名的地理学家和历史学家斯特拉波曾写道，亚历山大里亚有"优良的海港"，是"世界上最大的市场"。此外，它还是当时东西方贸易往来的枢纽。亚历山大里亚港口中经常停泊着来自希腊及世界各地的千百艘船只。为了便利来往船只的航行，托勒密王朝花了20年时间（公元前300年—前280年）在距亚历山大港1公里的法洛斯岛上，建立了一座高大的灯塔，这就是著名的亚历山大港灯塔。它高约135米，分为三层，最高一层是信号房。信号房是个圆顶灯楼，其中燃着一个昼夜不灭的巨大火炬。塔顶之上铸着一尊高约7米的海神波塞冬（一说是太阳神赫利俄斯）的青铜立像。在白天，60公里以外海面上的船只就可以看到这座灯塔；在夜间，灯塔上的火光通过凹面金属镜的反射，可以使65公里远的夜航船找到航向。这座灯塔是古代世界最大的一座灯塔，被列为古代世界七大建筑奇迹之一。

罗马帝国

在罗马共和国末期，最高领导者恺撒于公元前44年遇刺身亡，从而引起内乱。他的继子屋大维巧妙地运用政治手腕，在公元前27年掌握了罗马政权，并被元老院授予"奥古斯都"（意为神圣伟大）的称号，并被确认为终身保民官、宗教事务中的大祭祀长，获得了"国父""大元帅"等崇高的赞誉。他还自称是罗马的第一公民，即元首。古罗马文明由此进入了罗马帝国时代。

在屋大维统治罗马帝国的40多年里，罗马帝国不断向西扩张，先后征服了西班牙、莱茵河和易北河之间许多地区。公元9年，由于日耳曼人的奋力反抗，致使屋大维向莱茵河以东扩张失败，因此罗马帝国停止了向日耳曼地区的扩张。屋大维在位期间，采取诸多措施来解决社会矛盾，巩固其独裁地位。比如，改革军事，建立罗马帝国的第一支近卫军和常备军，设立内阁，创办"国税局"，重新划分行政区域，等等。他将军政、司法、财政、宗教等各种重要权力集于一身，成为罗马帝国的第一位皇帝。最让他引以为豪的是建了一座由大理石构造的罗马城。这些措施的开展，促进了罗马帝国的社会发展。

公元14年，屋大维去世。在他统治时期，罗马人早已习惯了专制统治。那些经历过罗马内战的人，对共和国末年的动荡记忆犹新，害怕会因废除君主制引起内战。因此，君主制成为当时罗马人的共识，屋大维的养子提比略继位。

提比略几经周折才登上帝位，约50岁方掌权，在任20余年间，虽然政治上没有太大失误，政局大体平稳；但他为维护统治，鼓励告密，常引用大逆法处死元老和贵族，引起他们强烈的不满。公元37年，提比略去世。由于他生前并未明确由谁继任，人们出于对日耳曼尼库斯的怀念，拥戴其子卡利古拉登基为帝。卡利古拉（公元37年—41年在位）上台之初，宣布大赦，召回被流放者，禁止告密。一时之间，罗马上下额手相庆，以为发现了一个善良的好君主。可是，绝对的权力容易造成绝对的专制。不久卡利古拉就开始大肆迫害元老，任意处死贵族及宫廷显贵，而且自称朱庇特，要人们像崇拜神灵一样地崇拜他。由于没有任何手段可以制约他，人们只好采用阴谋手段，于公元41年将他暗杀。克劳狄乌斯即位。克劳狄乌斯（公元41年—54年在位）是日耳曼尼库斯的弟弟，喜欢研究历史，看起来似乎有些懦弱。但在执政之后，克劳狄乌斯表现出了杰出的行政才能。他大力加强元首顾问会的权力，

▲ 奥古斯都像

原本属元首个人的办事机构，逐渐转变成罗马实际的权力机关，承担起管理国家的职责。他还将公民权授予高卢等行省的居民，扩大了罗马统治的社会基础。遗憾的是，他经常受到妻子的摆布，于公元54年被妻子小阿格里皮娜毒死。随后，克劳狄乌斯的养子尼禄登上了元首宝座。

尼禄执政初期，因为有他的老师塞涅卡和近卫军长官布鲁斯的辅助，朝政基本正常。但尼禄专权的欲望逐渐表现出来。公元65年，塞涅卡被尼禄处死，布鲁斯也病死。尼禄从此无法无天。他喜好表演，亲自到希腊去参加戏剧表演比赛，借机掠夺财富。他动辄引用大逆法，控告

那些毫无罪过但家资丰厚之人，以夺取他们的财产。对那些他不喜欢的人，尼禄从不放过，连母亲小阿格里皮娜也被他害死。整个罗马人心惶惶。公元64年罗马发生大火，烧掉了全城大部分房屋。尼禄为推卸责任，残酷地处死基督徒，将他们裹上布后点火焚烧，惨叫声终日不绝。他本人则借机修建豪华无比的黄金屋。人们忍无可忍，发动起义，近卫军也抛弃了尼禄。公元68年，尼禄被迫自杀。尼禄的死标志着罗马帝国的第一个世袭王朝——由屋大维·奥古斯都开创的朱里亚·克劳狄王朝——至此终结。

尼禄死后，加尔巴经元老院承认成为罗马帝国的皇帝，结束了朱里亚·克劳狄王朝的统治。但他在位仅七个月就遭到杀害，于是罗马陷入内外混战。在加尔巴遇刺的这一年（公元

▲ 塞涅卡之死

69年），罗马帝国陆续出现四位皇帝，因此这一年也被称为“四帝之年”（四位罗马皇帝分别是：伽尔巴、奥托、维特里乌斯、韦帕芗）。最后，东方军团拥戴的韦帕芗（公元69年—79年在位）取得了胜利，建立了弗拉维王朝（公元69年—96年）。韦帕芗镇压犹太人起义后，为缓和财政危机，开始大量征税，据说连坟地、污水池和厕所都收税。同时，厉行节约，节省开支，很快扭转了因大规模内战造成的财政亏损。在此基础上，韦帕芗开始整顿罗马行政。在强迫元老院赋予他广泛的权力后，他改组了元老院，将大量行省上层分子塞进元老院，使罗马帝国的政府不再仅仅代表意大利，也代表罗马帝国其他地区的统治阶级的利益，扩大了罗马帝国统治的社会基础。对于行省居民，他大量赠予

基督教早期教会的发展，正值尼禄当政之时。然而基督教在当时的罗马帝国里是相当受歧视的，因此受到官方与人民的反感与误解。而尼禄诬指公元64年罗马大火的元凶为基督徒，对教徒施以公开的迫害与残杀，使徒保罗和彼得也是在他手中遇害，因此教会的记载多将尼禄视为反基督教的暴君。尼禄是第一个大规模公开迫害基督教的罗马皇帝。

罗马公民权。经过他的改造，罗马政府具有更广泛的代表性，更能体现帝国的地中海特色。但在他的儿子图密善（弗拉维王朝的第三位皇帝，也是该王朝最后一位皇帝，公元81年—96年在位）统治时期，元首与元老院的关系再度紧张。公元96年，图密善遇刺身亡，涅尔瓦即位，罗马帝国进入安敦尼王朝时期（公元96年—192年）。

安敦尼王朝六个元首中，除涅尔瓦（公元96年—98年在位）外，都出身行省贵族。他们执政期间，广泛授予行省居民以罗马公民权，征召行省居民参加罗马军团，提高了行省的地位。在中央，虽然元首和元老院之间的关系一直比较融洽，但元首的地位得到进一步提升。正是在此期间，元首的意志就是法律的观念开始产生。官僚机构的势力日益膨胀，元首顾问会成为常设机构，元首金库律师、邮政督办等新官职先后设立。与罗马帝国初期不同的是，帝国管理机构中被释奴隶的数量大为减少，主要官职均以骑士充任，官僚等级制日渐定型。对外政策上，除2世纪初尚能采取攻势、征服达西亚和亚美尼亚等地外，此后基本采取守势，哈德良在位期间（公元117年—138年）修筑的"长城"更说明罗马的对外扩张基本停止。由于安敦尼王朝的历代皇帝都相当注意处理自己与元老院的关系，两者之间相对和谐。更重要的是，1世纪末到2世纪末，罗马除图拉真在位期间（公元98年—117年）进行了大规模的对外扩张战争外，基本保持了和平局面，社会经济繁荣，政局相对平稳，人们得以安居乐业，因此这段时期被视为罗马历史上的白银时代（仅次于奥古斯都统治下的黄金时代）。

安敦尼王朝初期，由于内战基本停止，内部联系加强，特别是广大劳动者辛勤劳动，社会经济一度有所发展。在意大利，除谷物需要进口外，葡萄酒和橄榄油都有剩余，曾大量输往高卢等地。手工

▲ 罗马万神庙内景

业生产中，为适应农业生产的需要，陶器生产达到新的高度。从庞贝城看，城内有专门的市场、旅馆、酒馆等为客商服务的设施。在行省，高卢、西班牙、北非和埃及成为新的经济增长中心。高卢的葡萄酒和手工业生产在竞争中逐渐发展起来，大约在2世纪后期取代了进口的意大利产品。北非和埃及的农业发达，把大量的谷物输送到罗马和意大利。在地中海上，海盗基本被肃清，商船往来安全快捷。在此基础上，罗马的城市化水平达到前所未有的规模。此前已经存在的大城市如亚历山大里亚、罗马等继续发展，人口持续增长，有些城市的人口可能超过百万。一些在罗马扩张中被摧毁的城市如科林斯、迦太基等先后复兴。在行省出现了一些新的城市，如高卢的卢格敦、布耳狄加拉、利摩南，不列颠的伦敦姆、林地姆，西班牙的加得斯等，都是当时相当有名的城市。

安敦尼王朝末期，罗马政治和经济开始出现危机。意大利农业无可挽回地衰落了，其产品先后被从高卢、北非等地排挤出去。行省的经济

特别是东部的经济虽保持某种程度的繁荣，但不足以补偿帝国中心地区的衰落，反而给这些地区的统治者提供了争夺中央政权的资本。在罗马，政治日趋腐败，军队的作用越来越突出，近卫军任意废立元首。元首为取得军队支持，只好向他们让步，提高将领与士兵的待遇，结果军队更加骄横。更为重要的是，随着官僚体系的发展，帝国对劳动者的剥削越来越沉重。隶农制的广泛发展，意味着普通劳动者逐渐丧失人身自由，成为大地主的依附农民。基督教的发展和传播，对缓解帝国的矛盾作用不大，反而增加了一批不事生产的神职人员，间接加重了直接生产者的负担。2世纪末，帝国各种矛盾全面爆发，演变成一场整个帝国范围内的大危机。

危机首先表现为政局动荡和中央权威的丧失。192年，元首康茂德被杀。经过5年内战，塞普提米乌斯·塞维鲁（193年—211年在位）夺取了政权，建立塞维鲁王朝（193年—235年）。塞维鲁把军队的薪饷提

▲ 古罗马大竞技场

▲ 古罗马战车

高了一倍，承认士兵在服役期间有结婚及与家人生活的权利，授予边防士兵封地，这些致使军纪更加败坏。他的儿子卡拉卡拉（212年—217年在位）为了敛财，于公元212年发布敕令，授予帝国全体自由民以罗马公民权。敕令的发布，在某种程度上也增强了帝国的凝聚力。其孙亚历山大·塞维鲁（222年—235年在位）因财政状况恶化，只得降低士兵工资。近卫军立刻借此发动政变，杀死亚历山大·塞维鲁，帝国陷入内战之中，塞维鲁王朝结束。内战使罗马部分行省如高卢、不列颠等乘机脱离罗马统治，在东方出现了帕尔米拉王国，叙利亚、小亚细亚、埃及、两河流域、阿拉伯半岛不复为罗马所有。边境上，罗马军队因忙于争夺中央政权，使蛮族和外敌步步紧逼。在与新兴的萨珊波斯的战争中，罗马数次败北，两河流域一度不复为罗马所有。

连年的战乱，给罗马脆弱的经济以沉重打击。2世纪末危机爆发后，人民流离失所，一些人为了寻求保护，只好把自己的土地"奉献"给大土地所有者。新登基的元首，不管是近卫军拥立的，还是在行省军团支持下登基的，为寻求军队的支持，都加紧搜刮普通劳动者，加剧了社会危机。

3世纪末，帝国的混战终于告一段落，戴克里先（284年—305年在位）掌握了政权。为加强统治，他废止元首制，改行更具专制色彩的多米那特制（意为君主制）。鉴于帝国各地之间的联系十分薄弱，而帝国的疆域又过于辽阔，戴克里先实行四帝共治制，将罗马帝国划分成四个部分，分别由他本人和另外一个奥古斯都及两个恺撒统治。为防止地方割据，他将全国划分为100个行省，大大缩小了行省规模，实行军政分离。为保证财政收入，帝国政府在铸造新货币的同时，也征收实物地租，并将农民固定在土地上，不允许他们随意迁移。农民处境的恶化，使社会矛盾更加尖锐，也让他们对罗马帝国丧失了信心：其中一些人逃出帝国，迁移到了日耳曼人居住区；那些没有逃亡的，也希望早日更换统治者。在宗教上，对新兴的基督教实行打击，试图借此提高皇帝的威信。但无论是在他的家庭中，还是在军队和行政机关中，其反基督教政策都未得到彻底贯彻。他的继任者君士坦丁一世（306年—337年在位）对后期罗马的发展具有重要意义。正是在他统治时期，基督教的合法地位得到了正式承认。4世纪末，基督教取代其他宗教成为罗马国教。罗马帝国皇帝君士坦丁一世决定重建并扩建拜占庭，并于330年迁都拜占庭，并将拜占庭改名为新罗马，别称君士坦丁堡，为帝国的分裂埋下伏笔。395年，罗马帝国正式分裂为东西两个部分，抵抗外敌的力量进一步削弱。

早在375年时，匈奴向黑海沿岸的东哥特人发动进攻，促成了日耳曼诸部落向西方的大迁徙。日耳曼人潮水般地向罗马帝国境内涌来，开始用武力征服罗马帝国。376年，西哥特人渡过了多瑙河，定居于罗马帝国北部，起兵反抗罗马官吏的压迫。378年，西哥特人于亚得里亚堡大败罗马军队，并将率兵亲征的罗马帝国东部皇帝瓦伦斯（364年—378年在位）杀死。之后，西哥特人于希腊定居，转而进攻意大利。410

▲ 古罗马的灭亡

年，西哥特人的首领阿拉里克率众将罗马城攻陷，整个欧洲为之震惊。476年，西罗马末代帝王罗慕路斯·奥古斯都被蛮族出身的罗马将军奥多亚克废黜，西罗马帝国灭亡。

西罗马帝国灭亡后，日耳曼人在罗马的废墟上建起了一系列的封建国家。其中，唯有法兰克王国存在的时间最长，影响亦最大。随着日耳

历史的沉思

2015年，随着成龙等主演的电影《天将雄师》的热播，再次使位于中国甘肃省金昌市的骊靬（lí qián）古城是古罗马军团流落中国所建这一话题成了热点。后经诸多历史学方面的专家和学者考证，骊靬人并不是古罗马军团的后裔。早在古罗马军团东征之前，公元前60年，西汉就已经在骊靬这个地方设立县制。后经考古学家对骊靬人的基因的测试，骊靬人与古罗马军团并无关系。

曼人建立了自己的国家，阶级和社会关系也随之发生了变化，逐步形成了西欧封建制，从而掀开了西欧历史的新篇章。

在西罗马帝国灭亡后，东罗马帝国成为罗马帝国实际上的统治者。到了 15 世纪 50 至 60 年代，奥斯曼帝国攻下了东罗马帝国的首都君士坦丁堡，占领东罗马帝国的摩里亚半岛（即伯罗奔尼撒半岛）。1453 年，奥斯曼帝国苏丹穆罕默德二世率军攻入君士坦丁堡，东罗马帝国正式退出历史舞台，同时宣告罗马帝国时代的结束。

玛雅文明

拉丁美洲的玛雅人是古印第安人的一支，语言自成一体，脸形轮廓很独特，扁前额、鹰钩鼻、厚嘴唇。早在公元前 2500 年左右玛雅人就已生活在今墨西哥南部和中美洲北部，是美洲唯一留下文字记录的民族，创造了令人难以想象的辉煌文明，如平顶金字塔祭坛、浮雕、石碑等众多杰出的建筑物。玛雅人创造了一套精巧的数学，来适应他们按年记事的需要，以决定播种和收获的时间，对季节和年度中雨水最多的时间，能准确地加以计算，以充分利用贫瘠的土地。他们所掌握的数学技巧，在古代原始民族中，高明得令人吃惊，尤其是他们熟悉"0"的概念，比阿拉伯商队横

▲ 玛雅士兵雕像

越中东的沙漠，把这个概念从印度传到欧洲的时间还要早 1000 年。凡此种种，使玛雅文明成为世界文明史上的一朵奇葩。

通常玛雅文明被分为前古典期（公元前 1500 年至公元前 300 年）、古典期（公元前 300 年至公元 900 年）和后古典期（公元 900 年至 16 世纪）3 个时期。据考证，大约在公元前后玛雅人达到了第一个兴盛期，在尤卡坦半岛南端的贝登湖周围建立了第一批城邦，营造了许多繁华的城市，蒂卡尔是其中最大的一座。现今整个遗迹面积达 130 万平方米，其中心地带包括金字塔、祭坛等多处建筑。遗迹中心大广场东侧的美洲豹金字塔，塔高达 56 米，分为 9 级，塔顶建有尖形小庙；西侧是 2 号金字塔，高 46 米；最高的 4 号金字塔高达 75 米，站在塔顶可一窥全岛全貌。

与埃及最早的几座金字塔进行比较，发现它们竟然如同孪生的姐妹一般。苏格兰天文学家斯穆斯对埃及的两座金字塔做了为期 4 个月的勘测，他们得出了一些令人深思的数据：塔的 4 个面都是等边三角形，它们正好朝着东南西北 4 个方位；底边与塔高之比，恰好为圆周率与半径之比；塔的高度为地球周长的二十七万分之一，也是地球到太阳距离的一万亿分之一。

不过，玛雅人的金字塔的天文方位计算得更为精确。天狼星的光线经过南墙上的气流通道，直射到长眠于上面厅堂中的死者头部；北极星的光线通过北墙的气流通道，径直射进下面的厅堂里。

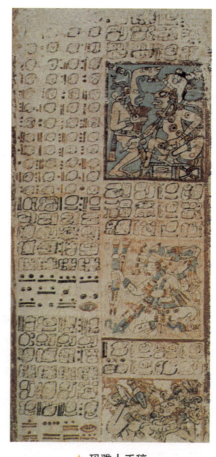

▲ 玛雅人手稿

一直以来，人们都认为金字塔是一种坟墓，而且确实在很多金字塔中找到了木乃伊。玛雅人会不会也用工程浩大的金字塔做坟墓呢？如果是，为什么金字塔与塔顶上的神龛是这么不相称？整个塔的建造水平是如此之高，而神龛却是相当粗糙，这不得不令人怀疑神龛可能是后来加上去的。根据这些人们又推测，金字塔原先很可能是玛雅祖先的祭坛和用来观察天象的神坛，这是由于玛雅人对神有种近乎狂热的崇拜。玛雅人信奉的神主要有：太阳神、雨神、风神、玉米神、战争之神、死亡之神等。在玛雅人看来，神的世界远比人间凡世丰富、伟大。他们经常举行祭祀典礼，每位玛雅人都认为，为神献身是非常神圣的事情。因此玛雅人依照自己的历法建造的金字塔，实际上都是祭祀神灵并兼顾观测天象的天文台。

这些宏伟建筑的遗迹处处显示出不平凡，与如今比邻的印第安人居住的茅屋和草棚格格不入，而且这些宏伟的建筑并不是出于实际生活的需要，而是严格按照玛雅人的宗教信仰和神奇的玛雅历法建造的，简直令人难以置信。从考古学家掌握的证据来看，当时玛雅人仍巢居树穴，以采集或狩猎为生，过着相当原始的生活，似乎没有文明前期过渡形态的痕迹；那奇迹般的文明并没有经过一个由低向高逐渐发展的过程，而似乎是在一夜之间从天而降，骤然间涌现出了各种超越时代的辉煌成就。通常来说，任何民族对外部世界的认识都必须和他们的生产方式相一致。

而且从早期的人类文明历史来看，文明的创造和辉煌都离不开河流。埃及和印度的古代文明，首先发祥于尼罗河以及恒河流域和印度河流域，中国古代文明的摇篮则在黄河流域和长江流域。为何偏偏只有玛雅人把他们的灿烂文明建筑于热带丛林之中呢？

不管怎样，不知出于何种原因，大约在公元 900 年前后，玛雅人放弃了高度发展的文明，大举迁移，他们所创建的中心城市停止了新建筑的建造，城市在某一天被完全放弃，繁华的城市变得荒芜，任由热带丛

林将它们吞没。玛雅文明仿佛一夜之间消失于美洲的热带丛林中。后来从发掘出来的仅完成了一半的雕刻来看，这场劫难似乎来得十分突然。然而当时有什么灾难是他们无可抵挡的呢？玛雅人抛弃自己建造起来的繁华城市，却要转向荒凉的深山老林，这种背弃文明，回归蒙昧的做法，是出于自愿，还是别有隐情？

关于玛雅文明的消失有着种种的猜测，有人说他们是受到了瘟疫、战争等的袭击，但是为什么没有见到尸体？它的消失与它的崛起一样，充满了神秘的色彩，为世人瞩目。

 历史的沉思

关于玛雅文明的消失，有人认为，玛雅人有可能被外族入侵，他们被迫离开家门。可是，有谁比正处于文明兴盛时期的玛雅人更强大呢？

也有人认为玛雅人是由于发生地震而被迫离开家园。可是直到今天，那些雄伟的石构建筑，虽然有些已倒塌，但仍有很多历经千年风雨依然保存完整。

还有人认为，可能是因为隔代争斗，或是年青的一代起来反对老一代，或发生内战，或是因为一场革命，玛雅人离开了故土。

如果真有上述情况中的任何一种发生的话，那么也只有一部分居民，即失败者，离开国家，而胜利者则仍留下生活。但调查研究没有发现有玛雅人留下来的任何迹象。

当历史渐行渐远，成为一种遥远的回忆后，我们所能了解到的只是梦呓般的神话，以及一幢又一幢被遗弃的建筑。然而，神秘的玛雅人，神秘的玛雅文明，神秘的玛雅金字塔，无不驱使着我们去了解更多……

中古时期的世界

法兰克王国

　　法兰克人是日耳曼人的一支。大约在 3 世纪中叶，在莱茵河下游出现了法兰克人的部落联盟，他们时常对莱茵河左岸的罗马帝国境内进行武装骚扰。486 年，法兰克人的一支——萨利克法兰克人在其首领克洛维（481 年—511 年在位，史称"克洛维一世"）的率领下越过阿登森林（今比利时境内）南下，并联合住在康布雷的另一支萨利克法兰克人，在苏瓦松之战中击败前罗马将军西阿格里乌斯的军队，使法兰克人的统治扩张到卢瓦尔河以北的地区，建立了法兰克王国。克洛维本人也就从一个部落联盟的军事首领变成王国的国王，他开创的王朝被称为墨洛温

王朝（486年—751年），是法兰克王国的第一个王朝。

建国之初，克洛维尚未建立起国家行政权力体制，国王的权威还受部落民主制传统之残余的影响。为了巩固统治，克洛维注重利用基督教势力。496年，克洛维在击退阿勒曼人的进攻后，改信基督教。500年，克洛维迫使勃艮第人臣服，势力扩展到高卢东南部和莱茵河以东地区。507年至510年，在罗马教会支持下，克洛维以征讨异端为名对西哥特王国进行战争。在武耶战役获胜后，顺理成章地夺取了普瓦提埃，又相继占领波尔多和图卢兹，把西哥特人驱逐到了西班牙。接着，克洛维为巩固其权威，又设法剪除本部落联盟其他首领和昔日同盟者，统治着几乎整个高卢。511年，克洛维接受东罗马皇帝颁布的敕书，被封为执政官，穿起紫袍披肩，戴上了王冠。此外，在他统治时期萨利克人的习惯法被汇编成《萨利克法典》。这样，法兰克成为当时西欧最强大的新兴封建国家。

克洛维死后，他的四个儿子根据法兰克人的继承习惯，裂土而治，不久又相继展开内战。结果法兰克王国分裂为好几个独立王国，主要有奥斯特拉西亚、纽斯特里亚、勃艮第和苏瓦松等。虽然苏瓦松王克洛泰尔一世一度在558年至561年短暂地统一王国，但他死后，诸子也因瓜分王国而内战不断，直至纽斯特里亚王克洛泰尔二世再度于613年至629年统一法兰克王国。长期的分裂内战，大大削弱了法兰克王权的统治力量，地方显贵在朝廷中的代表"宫相"开始专权。

751年，宫相丕平（又称"矮子丕平"，公元751年—768年在位）发动政变并登上了王位，建立了加洛林王朝（751年—987年）。这个王朝在查理曼（即查理大帝，768年—814年在位）统治时期，通过开疆拓土，形成了一个版图广大、民族众多的帝国，史称查理曼帝国。查理大帝于768年登上法兰克王位。查理的一系列扩张战争使法兰克王国的版图比其父王丕平三世时几乎增加了一倍：西起厄布罗河，东迄易北河和多瑙河，北起北海和波罗的海，南至北意大利，差不多把昔日西罗马帝国的国土都统一在查理的政权之内。成立不久的教皇国实际上也沦为查理的附庸国家。

查理大帝去世后，他的三儿子——性格柔弱的路易继承王位。路易凡事依赖贵族和教士，被称作虔诚者路易（又称路易一世）。他在位的全部时期（814年—840年），正是骚动

▲ 查理大帝打败撒克逊人

不断的年代，离心倾向特别强烈地表现出来。817年，虔诚者路易将帝国分而治之：长子洛泰尔一世为意大利国王兼神圣罗马皇帝，次子丕平一世为阿基坦（法国南部）国王，三子日耳曼人路易为巴伐利亚国王。这就是著名的"路易分土"。823年，虔诚者路易的幼子秃头查理出生，他与前面所提的路易三子是同父异母的兄弟。虔诚者路易想将已瓜分的帝国再分出一块地给秃头查理，导致了内战，他的三个年长的儿子联合起来反对父亲，并囚禁了虔诚者路易和秃头查理。838年阿基坦的丕平一世去世，虔诚者路易的两个年长的儿子同意秃头查理继承阿基坦王位，但阿基坦的贵族却支持丕平一世的儿子丕平二世，于是内战再次爆发。840年虔诚者路易去世。843年，虔诚者路易的这三个儿子在凡尔登集会，商定将帝国分为三个部分，并签订了《凡尔登条约》。后来，这三个部分基本上形成了西欧近代的三个主要国家：意大利、德意志和法兰西。

查理曼帝国分裂后，加洛林王朝在西法兰克（为法兰西王国的最早阶段）的统治又延续了一百多年。从840年到987年，加洛林家族先后有8人继承王位，但他们大多是昏庸无能之辈，权力孱弱，难以驾驭势力趋强的地方大贵族，封建割据日益严重。由于国力不振，在9世纪至10世纪，北欧的诺曼人不断漂海南下，袭击王国的沿海地区，甚至沿斯海尔

德河、卢瓦尔河、加隆河等水道侵入内地，洗劫城市和乡村，致使田园荒芜、经济衰败。加洛林王室无力保疆卫国，政治威望日益跌落。各地大贵族则纷纷修建城堡，扩展实力，政治分裂进一步加深。在这一过程中，一些大贵族家族开始崛起。9世纪后期，大贵族强者罗伯特因抗击诺曼人入侵有功，被封为法兰西公爵，统治着法兰西岛，即塞纳河和卢瓦尔河中游、以巴黎和奥尔良为中心的南北狭长地带。法兰西公爵罗伯特之子、巴黎伯爵厄德也因抵抗诺曼人有功，逐渐控制加洛林王朝的实权。987年，加洛林王朝末代国王路易五世死后无嗣，教、俗大贵族就拥戴罗伯特家的雨果·卡佩（987年—996年在位）为王，从此开始了法兰西王国的第一个强大王朝——卡佩王朝（987年—1328年）的统治。

卡佩王朝初期，法国仍处于王权孱弱、封建割据的状态。国王不但没有行政机构和固定的财政收入，而且没有固定的驻地，时而住在巴黎，时而住在奥尔良。王室的领地（王领）局限在法兰西岛，国王实际统治的区域只有约3万平方公里的范围，而当时在名义上属于法兰西王国的领土则约有45万平方公里，王领仅占这一总面积的1/15。即便是在王室领地内，也存在着某种程度的封建割据，贵族不纳王命的现象常常发生。而在王领之外，则存在着诸多的公国（公爵领）和伯国（伯爵领），这些公爵、伯爵虽然在名义上是法王的封臣，但在他们的领地内不纳王命，行使独立的统治权，时常相互征战，甚至兴兵反叛王权。这些封建割据政权主要有北部的佛兰德尔伯国，西北部的诺曼底公国，西部的安茹伯国和布列塔尼公国，南部的阿奎丹公国、图卢兹伯国和巴塞罗那伯国，东部的勃艮第公国和布卢瓦—香槟伯国。尤其重要的是，孱弱的法国王权还遭到英王国领土扩张的强大挑战。诺曼征服后，诺曼底公国被划入英王国的统治版图。1154年安茹伯爵亨利被立为英王亨利二世，而此时经过兼并扩张的安茹伯国在法国占有的领地包括安茹、曼恩、图棱、阿奎丹、诺曼底等地区，面积几乎相当于法国领土的三分之二。在这样的严峻形势下，法国封建王权要获得巩固和发展，就必须与英国的扩张以及其他割据诸侯展开斗争，实现王国领土的政治统一；同时，还必须打破封建等级制中居间权力的障碍，将封建宗主权转化为王国君权，对封建诸侯及其各级附庸进行直接而有力的统治。

▲ 《贝叶挂毯》记录的诺曼征服中的黑斯廷斯战役（局部）

卡佩王朝初期的法国国王虽然孱弱，但他毕竟在理论上是各级封建贵族的最高封君，拥有对他们封建的宗主权。同时，教会也鼓吹"王权神授"，并为之举行神圣的涂油加冕典礼。教会还致力于稳定社会秩序，在10世纪中叶提出"上帝的和平"和"上帝的休战"的主张，规定每周五到周日封建主必须停止私战，否则一概开除出教。国王还从日益兴起的城市中获取财力和人力。这些都使法王在事实上拥有任何封建诸侯所不具备的优势，因而能不断强化王权。

法国王权的加强是从路易六世（绰号"胖子路易"，1108年—1137年在位）开始的。他长驻巴黎，以之作为王国的政治中心。他保护教会利益，支持城市反对封建领主、争取自治的公社运动，得到教会与市民的支持。他扩展王室领地，并先后铲除了蒙莫朗西、芒特斯、科尔贝等王室领地内的城堡，消灭了那些横行不法的小领主，恢复了国王对王室领地的统治，在那里重建了和平与秩序。此外，由亨利六世在王廷设置

的作为辅政工具的"御前会议"，其成员有显贵、宫廷官员和国王的封臣，具有咨询、立法和司法的职能。

到了著名君王腓力二世在位时（1180年—1223年），法国王权进一步拓展。他先是利用英国王子亨利的反叛，后又借口英王约翰不履行封建义务，宣布剥夺英王在法国的领地，并对之展开领土战争，先后夺得诺曼底、安茹、缅因、屠棱和布列塔尼等地，将法国王室的领地面积扩大一倍。英王约翰不甘心失败，联合德意志国王（兼神圣罗马帝国皇帝）奥托四世等反法势力反扑。1214年，在布汶战役中，法王的军队在大约2万市民的支持下彻底击败对方，奠定了领土战争胜利的基础。后来法王又先后在1224年、1258年分别夺取了普瓦都与阿奎丹。根据1259年的《巴黎和约》，英王在法国的领地仅剩下西南部的基恩和加斯科尼等少数地方。

随着法国王室领地的扩大，法王为了确保统一，也着手加强政治集权。腓力二世时期，扩建巴黎，将塞纳河两岸都划归为市区，修建城堡和广场以及引水设施，使巴黎成为当时西欧的著名都市。法国国王还直接掌握王室法庭的司法权，一些主要案件由国王亲自审理。在地方，则实施新的"拜宜"制，由国王直接任命官员驻在各地，拥有固定的辖区，代表国家享有当地的财政和司法大权，国王发给他们薪俸，可随时对之罢免。"拜宜"制主要推行于法国北部，在法国南部仍承"塞内夏尔"（Senechal）旧制，但"塞内夏尔"的职权、任免均仿"拜宜"。路易九世统治时（1226年—1270年），更推行了一系列强化王权的改革。在政治方面，派巡按使奔赴各地，督察各级官员的非法行为。对法国南部原承"塞内夏尔"制的地方进行改革，其官员改为由国王任免。在司法方面，加强国王的立法权，颁布诸多的法律来规范社会生活，连赌博、逛妓院、亵渎神灵等行为也在国王法律的禁止之列。同时加强国王的司法权，规定王室法庭有权审理重大案件和复审地方法庭的判决；严禁领主之间私斗，实行"国王四十日"制，有纷争可在40日内向国王上诉，由王室法庭裁决。在军事上，开始推行募兵制，建立训练有素的常备军，逐渐取代骑士军役制。在经济上，下令铸造通行全国的货币，限制劣质货币的流通，促进国内各地区之间的经济联系。

王权与教权的斗争

在西欧封建社会时期，以罗马教皇为首的天主教会势力限制王权，使得国王颁布的一些措施很难实施，从而限制了王权的施展，为国王控制全国带来了很大的阻碍，于是王权和教权之间展开了斗争。

伦巴德人于 568 年开始举兵南下，直击意大利，严重威胁着罗马的安全。教皇带领着法兰克人打败了伦巴德人，因此极大提高了声望。罗马教皇不仅是教皇国的实际统治者，而且还成了西欧各国教会的最高领袖。王权与教权之间的斗争拉开了序幕。

在西欧早期封建社会里，王权与教权之争因各国具体情况不同，表现出的激烈程度也不一样。962 年，教皇约翰十二世在罗马的圣彼得大教堂为德意志王国萨克森王朝的奥托一世加冕，奥托一世从此成为"神圣罗马帝国"的皇帝。在加冕为帝后，他与教皇签订了《奥托特权协定》，确定了教皇绝对效忠皇

▲ 德国科隆大教堂实景图

历史的沉思

　　教皇拥有的土地还不能称为国家，这不仅因为"教皇国"的名称是 11 世纪以后才出现的，更重要的是这些领土是作为教产接受的，并且教皇不能长期有效行使主权。比如，赠送给教皇的拉温那总督区，由于有着较深的拜占庭影响，一直不服从教皇管辖，拉温那主教也不服从教皇的神权。另外，在意大利本土上，只要有伦巴德人的存在，教皇的世俗权力就受到严重的挑战。

帝，教会继承人选由皇帝决定，君权和神权紧密靠拢，皇帝的权力高于神权。此时，萨克森王朝国王依靠武力建起一个庞大的帝国，但各部落公国依然独立，各自为政，仍是在帝国名义下的独立国家。

　　为了加强封建统治，国王通常会借助教会的势力；教会的主教和修道院院长一般都是国王臣僚，必须效忠国王，并接受国王的任免。教皇对德国主教任免权又提出要求，认为教会权力不应由国王授予，即使皇帝也无权插手主教的遴选和续任。从教皇尼古拉二世到亚历山大二世，历任教皇都不断提出对德国主教的续任权，到教皇格列高利七世时，王权和教权两者之间的矛盾达到白热化。

　　王权与教权之间激烈的斗争，实际上是利益之争。谁获得主教或修道院院长等职位，就等于拥有了巨额财富，就可以通过在这个位置上的人征收税赋、罚金和捐赠等。教皇和国王都想获得巨大的利益，因此双方就此展开激烈的利益之争，且一时难以调和。

　　教权因王权与教权之间的斗争而衰弱，这也是罗马教皇势力发展的结果。在此过程中，虽然教权也曾一度占据上风，但随着王权的不断加强，教权逐渐从属于王权。最终，在 16 世纪的宗教改革运动中，王权在民族教会的旗帜下实现了全面的统治。

历史的碎片

　　王权与教权的斗争在神圣罗马帝国皇帝亨利四世（也译作海因里希四世）与教皇格列高利七世之间的斗争中达到白热化。亨利四世于1076年1月在奥姆斯召集德国主教开会，严厉谴责格列高利七世。两者之间的斗争曾一时让教皇把亨利四世拉下帝位，但最终结果是亨利四世于1084年复位，并把格列高利七世从教皇的宝座拉下来，王权取得了最终胜利。

欧洲中世纪的城市生活

　　欧洲中世纪的城市为了防御外敌的入侵，经常建得像一座座城堡一样。城市虽然不大，居住的人口也不多，但是居住环境非常拥挤。位居城市中心的位置是一块很大的作为市场的空地。在市场周围有市议会，并且林立着各种店铺、摊位，还有回廊。城市里的主要居民是手工业者。

　　476年西罗马帝国灭亡后的很长一段时间里，欧洲的城市还未出现。随着生产力的不断发展，手工业从农业中逐渐分离出来，一些手工业制品相继出现在市场。手工业者一般会到交通方便、人口密集的地方销售自己的手工制品，一些往来的商人也会把外地的产品拿到市场上贩卖。这种以工商业为中心的城市，是在10世纪以后才逐渐兴起的。

　　在欧洲中世纪的很多城市里，为了争取城市自主权，当地居民便和领主、国王展开了激烈的斗争，比如法国琅城起义就是因此而爆发的。

1108年，居住在法国北部的琅城人民，为了拥有城市自治权，不得不用大量的金钱向城市领主购买，与此同时还用重金砸向法国国王路易六世，来取得城市自治特权。但不久之后，城主和国王相继毁约。于是愤怒的琅城人民在1112年发动了大规模起义，处决了城主并打败了国王的军队。在不得已的情况下，法国国王再次颁发了城市自治特许状给琅城人民。经过近百年的斗争，欧洲城市终于获得了独立，有了自治权，市民也成了自由的人。只要在城市里住上一年零一天，农奴就可以获得自由。城市有自

▲ 1215年英王约翰签署《大宪章》

 历史的碎片

现代大学最早起源于欧洲中世纪大学。在欧洲中世纪早期，欧洲文化教育非常落后，只有教会和贵族才能够掌握文化知识。随着欧洲城市的兴起和工商业的日趋繁荣，人们对知识的渴求越来越强烈，于是在这一时期一些学校随着时代的发展而诞生。1088年意大利建立了世界上第一所正规的大学——博洛尼亚大学。后来，欧洲相继出现了很多大学，如巴黎大学、牛津大学、剑桥大学等。这些学校的出现，为现代大学的建立和发展奠定了基础。

己的市议会，选举出市长和法官，有统一的军队，并铸造货币。

随着商业活动日趋繁荣，各国和各城市的商人都互相往来销售商品，同时他们随身带来了许多钱币。因为各领主和城市铸造的钱币各不相同，所以不同的货币之间就产生了相应的兑换价值，并要经过严格的审查；因为长途搬运大量的银币和铜币既不方便又很危险，所以随着商人与兑换人之间的货币交易凭据就产生了，经手人可以拿着凭据来兑换货币。这样，就出现了兑换商的行业，而这种凭据就是早期的"汇票"。有时商人也向兑换人借钱，由借钱人出具一张有归还期限的票据，到期偿付借款和利息。这样，银行也就在城市里应运而生。欧洲银行的诞生对全世界经济和金融的发展有着不可替代的作用。

欧洲城市经过不断的发展，人民生活越来越丰富，逐渐孕育出了世俗文化，反映市民心态的城市文学也逐渐产生，各种大学也纷纷建立。城市文化的兴起为文艺复兴的出现打下了基础。欧洲大学的兴起对全世界的现代教育事业产生了深远的影响。

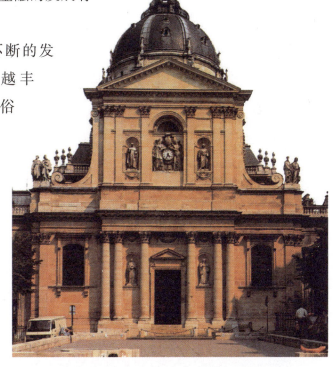

▲ 巴黎大学的索邦神学院（现为巴黎索邦大学）

欧洲中世纪的庄园生活

欧洲中世纪庄园以法国的庄园最具代表性。在当时，由一个或几个村庄组成的大小不等的庄园遍布法国各地，它们都是国王、各级封建主和教会的领地。庄园在为其附属农民（农奴）提供生活必需品的同时，最主要的还是为它们的领主提供生活资料。

封建庄园代替农村公社是从查理大帝统治时期开始的。庄园一般分为两种：一种是封建主的自营地，由封建主的管家监督农奴耕作；另一种是农奴的份地，由封建主派给各个农奴家庭使用。农奴死后其儿孙如果继续耕种，则必须向封建主缴纳继承金。庄园里的建筑一般是由封建主和农奴的住房、堡垒、教堂等组成。一般情况下，农民在自给自足的同时，还要为封建主提供生活资料，封建主只需要购买少量的生活用品，比如盐、铁和香料等。

 历史的碎片

在中世纪，骑士作为高级贵族的附庸，必须向他们宣誓效忠和履行义务；同时作为自己领地的主人，骑士必须保护依附于自己的农奴。

由于骑士专门从事打仗和比武，他们的故事流传得越来越广，并且和民间的神怪传说联系起来，形成了后世的骑士文学。在这些文学作品中，这些骑士往往被描写成智勇双全的英雄人物，他们武艺高强，打抱不平，视死如归，尊重妇女，被后来欧洲人夸耀为"骑士精神"。

10 世纪至 11 世纪，英国各地陆续出现庄园，并形成了封建庄园制度。

一般情况下，在庄园生活的农奴都能得到基本的生活保障。比如在 13 世纪至 14 世纪的英国庄园，全国每户农奴大约平均拥有 22~26 只羊。农奴跟奴隶最大的区别就在于农奴在政治上已具有一定的权利和地位。

农奴在庄园里除了耕种自己的土地以外，还要被领主要求履行布恩工的义务，即季节性极强的劳役，但前提是领主要向他们提出所谓的邀请，并按规定提供酒饭。按毕晓普斯托恩、诺顿和登顿的惯例，农奴如果使用自己的犁履行两天布恩工，那么在这两天中农奴一天吃肉，另一天吃鱼，另外还有足量的啤酒。犁队中凡使用自己耕牛的人，甚至可在领主家中用餐。所有承担割麦布恩工的农奴在午餐时有汤、小麦面包、牛肉和奶酪，晚餐有面包、奶酪和啤酒。次日，他们将有汤、小麦面包、鱼、奶酪和啤酒。在午餐时，面包不限量，晚餐每人限食一条。

西欧农奴制度伴随庄园制度的确立而产生，但它的瓦解时间要早于庄园制度的瓦解。在英国，农奴制度在 14 世纪末期

▲ 收获季节在庄园劳动的农奴

就已经不复存在了。农奴制度在英国的瓦解与14世纪末瓦特·泰勒农民起义有关，慑于农民起义的巨大威力，起义后英国许多封建主废除了劳役制度。英国农奴制瓦解的又一原因是商品经济的发展，商品经济的高速发展必然会侵蚀和最终摧毁封建农奴制度。

欧洲各国农奴制度瓦解的时间不尽相同，法国农奴制度15世纪已基本上废除，而西班牙、德意志等地农奴制度存在时间较长，一直延续到资产阶级革命前夕。

历史的沉思

虽然农奴的社会地位比奴隶有了很大的提高，并在领主的庄园里过着自给自足的生活，但是他们的大部分劳动成果还是归领主所有，而且他们还要在法律范围内为领主提供义务劳动，比如建桥、修路等，仍处于被剥削、受压迫的地位。这也是欧洲农奴制度最终瓦解的主要原因之一。

拜占庭帝国

经过狄奥多西王朝和利奥王朝长达一百多年的统治，拜占庭帝国（即东罗马帝国，是在希腊古城拜占庭的基础上建立起来的，因此得名）终于在6世纪初逐渐崛起，国内政局恢复了平稳，经济和军事实力与日俱增。518年，利奥王朝末代皇帝阿纳斯塔修斯去世，宫廷卫队队长出身的查士丁被部下拥护为帝，开创了东罗马帝国的第三个王朝。由于查士丁没有后代，于是只好任命他的外甥查士丁尼为共帝，因此该王朝被称为查士丁尼王朝。查士丁继位不到10年便去世，因此查士丁尼成了罗马至高无上的皇帝，开始了他穷兵黩武的一生。

查士丁尼在位期间尽管好大喜功，但他确实是一位有所作为的君王，他所编纂的《查士丁尼法典》，不仅对当时的罗马帝国，而且对今天的法治建设都有不可磨灭的影响。不过他的独断专行引起了广大臣民的不满。532年，民众聚集起来发生了暴动，企图推翻查士丁尼的统治，尽管最后以失败而告终，但是这次暴动给查士丁尼敲响了末日的警钟。穷兵黩武的查士丁尼尽管在军事上取得节节胜利，使得拜占庭帝国的版图达到了前所未有的辽阔，拜占庭帝国也似乎成了往昔罗马帝国的真正继承者，但是实际上国库经过他这样毫无节制的战争早已空虚，国内矛盾丛生，为他以后的垮台埋下了隐患。再加上黑死病的袭击，使得拜占庭帝国的人口锐减，经济凋零，城市逐渐衰败，拜占庭帝国赖以生存的根基遭受到了前所未有的破坏。最终，在十字军的疯狂袭击下，查士丁尼结束了他的一生。

查士丁尼死后，571年查士丁二世上台。因为他的养父查士丁尼在位时的连年战争，拜占庭帝国剩下的只是一副空壳，根本无法与波斯抗衡，最终拜占庭赔款求和。

经历一系列的战争后，尽管拜占庭帝国元气大伤，但是依旧堪称繁华，因为无论战争形式如何变化，它以君士坦丁堡为中心的区域可以基本不受战争的影响，优越的地理位置使拜占庭帝国几乎成为当时最为富饶的国家。

1070年左右，塞尔柱突厥人开始崛

▲ 拜占庭帝国的士兵

起，并在中亚、西亚建立起国家。塞尔柱突厥人早就对富饶无比的拜占庭帝国有所企图，趁拜占庭还尚未从十字军入侵的阴影中恢复元气，他们不断地以各种借口找拜占庭的麻烦。真正置拜占庭帝国于死地的，是奥斯曼帝国的军队，在奥斯曼帝国的进攻下，拜占庭帝国最终灭亡。

 历史的沉思

开放宽容使文明繁荣，保守狭隘使文明衰落。文明不分国界，只有落后和先进之分。保持虚心的态度，积极向先进的文明学习，才能屹立于世界民族之林。

5世纪到15世纪的中国

欧洲处于中世纪时期时，中国经历了南北朝、隋朝、唐朝、五代十国、宋朝、元朝、明朝中叶。魏晋南北朝是中国历史上政权更迭较频繁的时期，长期处于封建割据和不断战争中，直到581年杨坚建立隋朝，统一了全国，这一纷争的局面才结束。在隋文帝杨坚统治时期，中国经济得到了发展，社会基本稳定，但这也只是短暂的繁荣。隋炀帝在位前期国力仍然强盛，但他四处征讨和急于建成大运河，劳民耗财，最终引起隋末民变，导致隋朝灭亡。在618年隋朝被李渊所建立的唐朝所取代。

唐朝在唐太宗李世民的统治下，在经济、政治、民族关系等方面采取了积极的措施，促进了经济的发展、政治的安定、民族关系的改善，从而使当时的社会出现了安定祥和的环境，史称"贞观之治"。唐太宗明辨是非、举贤任能、量才适用，还非常善于采纳群臣意见，是一位非常贤明的君主。李世民在位时曾北灭突厥，西击吐谷浑，妥善安置了降众等，不仅消除了边患，而且缓和了民族矛盾。因开明的政治和外交上的措施，李世民还被西北各族君长尊称为"天可汗"。后来，唐朝出现了中

▲ 隋炀帝龙舟出行图

国历史上的唯一女皇帝武则天，继续推行唐太宗的治国之策，使得社会得到进一步的发展，有"贞观遗风"之称。到了唐玄宗李隆基的开元时期，中国成了当时世界上经济、文化、科技等最发达的国家，长安（今陕西西安）也成了当时国际上最大的城市。

但是唐玄宗李隆基在位后期逐渐怠慢朝政，宠信奸臣，加上政策上的失误，从而引发了安史之乱，使中国社会动荡不安，出现藩镇割据的政治局面。在唐朝灭亡后，中国到了五代十国的战乱时代。直到960年宋太祖赵匡胤建立了宋朝，才结束了动荡不安的社会局面。

宋朝时，虽然中国在经济、文化、科技等方面仍然是当时世界上最发达的国家，但是周围还有西夏、辽、金、蒙古等少数民族地区政权对宋朝的统治造成了威胁，因此宋朝在政治和军事上一直处于被动状态，

并不是真正的大统一。随着北方蒙古族部落政权的兴起，中国又进入了战乱时代。

蒙古族是游牧民族，在 12 世纪以后开始进入高速发展时期，并出现了私有制，氏族社会开始瓦解。13 世纪初，被蒙古草原部落推举为成吉思汗的铁木真开始了统一草原的战争，他先后征服了塔塔儿、克烈、乃蛮和蔑儿乞等部落，实现了蒙古各主要

▲ 成吉思汗像

部落的统一，建立了蒙古帝国。在成吉思汗统治时期，他制定了一套统治制度，将政治、军事和生产合为一体。蒙古帝国在成吉思汗的统治之下，打败了西夏，开始第一次西征，灭掉了西辽、花剌子模等国，曾一度北上打到了顿河流域的草原地带。

成吉思汗死后由其第三子窝阔台即位，他继续推行成吉思汗的政策，于 1235 年开始第二次西征。蒙古军队先后征服了钦察、斡罗思（即俄罗斯）等国，蒙古远征军曾一度打到波兰、捷克、匈牙利，直至奥地利和德国的边境。通过这次西征，拔都建立了钦察汗国。

窝阔台死后其子贵由即位，可是贵由在位没几年就死了。在旭烈兀和拔都等人的拥戴下，在忽里台大会上，蒙哥于 1251 年坐上了汗位，并开始了第三次西征。这次西征征服了伊朗、阿富汗、两河流域和中亚阿姆河西南地区，旭烈兀在西亚建立了伊尔汗国。

蒙古帝国通过三次西征，占领了中亚细亚、西南亚及东欧大片土地，并在征服地区建立起钦察汗国、伊尔汗国。这两个汗国与察合台汗国（成吉思汗次子察合台的封地）和窝阔台汗国（成吉思汗第三子窝阔台的封地），合称"蒙古帝国四大汗国"，名义上均臣属于蒙古帝国本部的

大汗政权（即元朝）。

在中国本土，蒙古帝国先后灭掉了西夏、金、南宋，于1271年建立了元朝，结束了唐末以来分裂割据和几个政权并立的政治局面。蒙古帝国在崛起几十年后，被成吉思汗及其后继者创建成为历史上疆域最大的帝国，它的版图几乎囊括了整个亚洲和大部分欧洲。

▲ 1258年蒙古军围攻巴格达

 历史的沉思

蒙古人虽然建立了世界上疆土面积最大的国家，但是其整个统治时期相对中国其他大一统的王朝来说，是短暂的。究其根本原因就是，这个马背上的民族善于开疆拓土打天下，却不善于治理国家。比如，在成吉思汗西征花剌子模的时候，每当打下一座城池并掠夺完人口和财物以后，就开始屠城，致使当地的人口锐减，经济和文化等遭到重创。后来，在蒙古攻打西夏、金和南宋时，对不服的民众也大多采取屠城的办法。

随着蒙古帝国西征军一次次从中亚、西亚乃至欧洲等掠夺回来的人口被带回中国，元朝统治阶级把全国人分成四等：第一等是蒙古人，地位最高；第二等是色目人，即姓氏复杂的"各色名目"之人，包括西夏人、畏兀儿人、回回人等中国西北地区各族，以及被留

在中国境内的中亚、东欧人等；第三等是汉人，指原金朝统治区的汉人、契丹人和女真人，以及渤海人和早先被蒙古军队征服的四川、云南的汉人；第四等是南人，指原南宋统治区的汉人和其他各族人。而且南人的社会地位最低，生活最穷苦，受到多重压迫、歧视，因此这从根本上激化了民族矛盾，为以后的农民起义和元朝的灭亡埋下了伏笔。

虽然元朝统治者也重用了耶律楚材、郭宝玉、刘秉忠、赵孟頫、姚枢、张文谦等饱学的文人儒士，但不能从根本上通过治理国家来改变社会现状。由此可见，真正强大的国家，不仅仅是靠武力的征服而拥有广阔的疆土，更重要的是从政治制度的完善、平等的民族政策、优秀的文化等方面去治理国家，这才是真正的强大。比如汉朝和唐朝时的中国，虽然疆土不如元朝时广阔，但是在文化、政治制度以及民族政策等方面都比元朝更为优秀，对后世的影响也比元朝更为深远。所以，元朝给后人留下的最大印象就是疆土最大、武力最强，至于文化、科技和经济等方面远不如前朝给人的印象深刻。

阿拉伯帝国

阿拉伯帝国是中古时期阿拉伯人所建立的伊斯兰帝国，唐代以来的中国史书均称之为"大食"，而西欧则习惯称其为"哈里发国"。自从先知穆罕默德死后，阿拉伯帝国的继任者都被称为"哈里发"，意为先知的继承人。最初的四任哈里发，都由阿拉伯军事团体从穆罕默德的近亲和密友中选出。第一任哈里发叫艾布·伯克尔（632年—634年在位），在他短暂的统治期内，平息了半岛各部落的叛乱，调和了穆斯林各派别之间的关系，使政权得到巩固，并走上了对外扩张的道路。634年春，艾布·伯克尔派三支阿拉伯军队，从阿拉伯半岛出发，经叙利亚沙漠侵入叙利亚和巴勒斯坦，迅速降服了这两个国家的大部分地区，并命令这些被征服地区的居民改信伊斯兰教。

阿拉伯帝国强大起来后，要想实现扩张野心，对东面的波斯、西面的拜占庭两大帝国的战争是不可避免的。于是，阿拉伯人首先把矛头指向了拜占庭。

拜占庭皇帝相信沙漠中的基督教徒能阻止伊斯兰教徒的前进，并不把阿拉伯人放在心上。但是阿拉伯人很快便攻占了巴勒斯坦南部地区，这使拜占庭人提高警觉。拜占庭帝国的皇帝希拉克略指示他的弟弟提奥多拉率领相当多兵力集中在大马士革以南，准备阻止阿拉伯人。阿拉伯人听到讯息后，有"安拉之剑"之称的哈立德亲率一支突袭队，利用骆驼在沙漠中的优势，闪电般地出现在敌人后方，从背后猛攻拜占庭军队。猝不及防的拜占庭军队被打得一败涂地，只好退守大马士革城。哈

▲ 大马士革古城

立德趁势围攻，但几次都没攻破。于是，他又采取封锁的原则，六个月后拜占庭军队不得不开城投降。

636年春天，不甘心的希拉克略又派了一支约5万人的部队直扑大马士革城。哈立德为消减对方气势，立即带兵撤出大马士革城，将全部的兵力（约25000人）集结在雅穆克河附近，然后派小股部队攻城诱敌，对拜占庭军队各个击破，逐步消灭。几次交战，拜占庭军队伤亡惨重，不得不坚守城池。哈立德仍采用封锁战略，切断进出大马士革的所有交通线。636年，拜占庭军队被迫在雅穆克河附近与阿拉伯军队展开会战。这时的拜占庭军队士气低落，虽然人数有优势，但大多是抓来的奴隶，根本就无心作战。而阿拉伯军队的士兵们则士气高涨，奋不顾身地冲向敌人阵地。在阿拉伯军队的猛攻下，拜占庭军队几乎全军覆没，希拉克略的弟弟提奥多拉被杀死。阿拉伯军队占领了整个叙利亚地区。

阿拉伯帝国的军队取得西线胜利后，开始对因连年战争而变得外强内空的波斯发动进攻。637年，阿拉伯军队轻松攻占了波斯首都泰西封，波斯也成为阿拉伯的一部分。

第二任哈里发叫欧麦尔一世（634年—644年在位），他发动了阿拉伯历史上规模空前的大征服战争，对内部危机四伏、国力削弱的拜占庭以及波斯等中亚国家发动了一系列军事进攻。636年，在约旦河支流的雅穆克河附近，他派遣的阿拉伯名将哈立德率军打败了拜占庭军队，占领了叙利亚。638年，进攻耶路撒冷，征服了巴勒斯坦。不久，阿拉伯军队又攻占了伊拉克，深入波斯腹地。651年，萨珊波斯帝国灭亡。与此同时，西路大军占领开罗，将埃及纳入哈里发国家的版图。

第三任哈里发奥斯曼统治时期（644年—656年在位），阿拉伯贵族和牧民之间地位和贫富的差别日益明显，国家政权开始具有贵族专政性质。奥斯曼的亲信及其家族——倭马亚家族，掌握了国家和军队的高级职位，支持他的那一派被称为逊尼派。以阿里为代表的反对派创立了什叶派，反对奥斯曼政权，伊斯兰世界从此开始了长期的宗教纠纷和政治内讧。

656年，什叶派刺杀了奥斯曼，阿里成为第四任哈里发（656年—661年在位）。以叙利亚总督摩阿维亚为首的倭马亚家族不承认阿里政权，还有一部分不满阿里的人，也脱离了什叶派，另组军事民主派——哈瓦立及派。

661年，阿里被军事民主派刺杀，叙利亚总督穆阿维叶趁机夺取了哈里发的权位，开始了倭马亚王朝的统治时期（661年—750年），它是阿拉伯帝国的第一个世袭制王朝。

历史的碎片

穆罕默德（约570年—632年）出身于阿拉伯半岛麦加的古莱氏部落哈希姆族的一个没落商人家庭。他的父亲在他还没有出生时就死于去叙利亚经商的途中；6岁时，他又不幸失去了母亲，由祖父和叔父带大。12岁时，他便随商队外出经商。童年的不幸，让穆罕默德早熟，使他极早就关注起现实社会问题，早年的经商活动又使他谙熟了阿拉伯半岛上的风土人情和宗教信仰。25岁时，他与麦加的富有寡妇赫蒂彻结婚，这为他以后专心思考现实社会问题提供了雄厚的物质基础。经过一段苦心修行之后，610年穆罕默德宣布自己已获得安拉的启示，伊斯兰教由此建立起来。

穆罕默德在穆斯林的支持下，积极扩大伊斯兰教的势力和影响。在624年的白德尔战役中，他再次击败来犯的麦加贵族军队。630年，穆罕默德的穆斯林武装兵临麦加城下，麦加贵族只得被迫承认其权威，宣布接受伊斯兰教。阿拉伯半岛其他地区纷纷表示归顺伊斯兰教。632年穆罕默德去世时，阿拉伯半岛在伊斯兰教的旗帜下完成了政治统一。随后，阿拉伯国家处于四大哈里发统治时期。他们在巩固了阿拉伯半岛的政治统一的基础上，将统治区域扩大到中亚和地中海沿岸，这使伊斯兰教得以成为世界性宗教。

倭马亚王朝初期，将镇压反对派、巩固统治作为头等大事，而后继续进行大规模扩张。阿拉伯军队几乎同时向北、东、西三个方向出击。在西方，新月旗横扫北非，占领了从突尼斯直到摩洛哥的马格里布地区，将领土扩张到大西洋沿岸，又于714年征服了日耳曼人的西哥特王国，占领比利牛斯半岛，深入到欧洲腹地。直到732年，阿拉伯军队才被法兰克军队打败，其入侵西欧内陆的势头受阻。在北方，阿拉伯军队曾三次进攻君士坦丁堡，由于受到顽强抵抗而终未得手。在东方，他们向中亚地区挺进，先后征服了阿富汗斯坦、布哈拉、撒马尔罕和花剌子模等广大地区，直至帕米尔高原始为当时中国唐朝的军队阻挡。8世纪中期，阿拉伯帝国最后形成与当时的唐帝国、拜占庭帝国和查理曼帝国为邻，并世称雄的局面。倭马亚王朝阿拉伯帝国的各项管理机构和制度逐渐完善，阿拉伯社会封建生产关系也迅速发展起来，阿拉伯语从此成为该帝国官方语言。

倭马亚王朝统治后期，宗教矛盾、民族矛盾、阶级矛盾以及统治阶级内部的矛盾错综复杂，尖锐激烈，各教派和各民族的反抗斗争愈演愈烈。747年，奴隶出身的波斯人艾布·穆斯林在波斯东部的呼罗珊发动起义，提出减轻赋税、取消劳役的主张，得到广泛响应。750年，起义军占领了大马士革，推翻了倭马亚王朝。然而，胜利果实却被伊拉克大贵族艾布·阿拔斯夺取，他自称哈里发，建立了阿拔斯王朝，迁都巴格达。

"黄金之国" 加纳

位于塞内加尔河和尼日尔河上游一带（今马里西部和塞内加尔东部）的加纳因盛产黄金，有"黄金之国"的美誉，加纳因此也被后来的西方殖民者称为"黄金海岸"。

　　大约在 3 世纪至 4 世纪建国的加纳，国民主要有尼格罗种索宁克人，在 9 世纪至 10 世纪时加纳王国达到了鼎盛。加纳国王建立了一套比较严密的朝政机构，其中包括法院、起诉院和内阁；国王拥有一支强大的军队，并实行专制统治。地方必须服从中央的管理，并向中央纳税。国王和奴隶主可以自由买卖或转让奴隶，并常用奴隶来殉葬。加纳保留了母系氏族遗风，王位按母系继承。10 世纪至 11 世纪加纳王国达到极盛，版图西临大西洋，东至尼日尔河与巴尼河汇合处，北到沙漠重镇奥达果斯特，南达塞内加尔河上游。

　　加纳的黄金吸引了北非及各地商人到此贸易。国王对黄金实行垄断，生产黄金者只能淘取金沙，开采的金块要全部归国王所有。商人从国外运进一驮盐要交一个金第纳尔，出境则收两个金第纳尔。加纳因源源不断的巨额财政收入而变得非常富裕，国王穿戴黄金，各种饰物都由黄金打造而成。

　　加纳因非常富裕而遭到不少国家的嫉妒和袭击。9 世纪至 13 世纪初，阿拉伯人、柏柏尔人、摩洛哥人等不断入侵加纳，1076 年摩洛哥曾迫使加纳一度称臣，并迁都尼日尔河上游。虽然 1087 年加纳人民起义，重新获得独立，但商路中断，昔日的鼎盛也不复存在。加纳于 13 世纪前期被其属国马里王国所灭。

　　发祥于加奥南部的登迪，由桑海人在 7 世纪中叶建立的桑

▲ 表现加纳人淘洗金沙的图画

海王国（又称加依王国），也是西非古国之一。1325年马里帝国攻占桑海王国新都加奥，使其沦为属国。桑海王国于14世纪下半叶恢复独立。1464年至1492年桑尼·阿里在位时，改称大王，夺取廷巴克图、迭内等富庶的尼日尔河中游地区。1493年，大将杜尔夺取王位，建立了阿斯基亚王朝。杜尔是一位贤能的国王，他在位时国力达到极盛，文明程度很高，农奴制度盛行。但在15世纪至16世纪，随着桑海王国开始向封建社会过渡，国内不时发生内乱和奴隶起义，国势日益衰退。摩洛哥于1590年派兵大举入侵桑海王国，使其灭亡。

历史的碎片

加纳因盛产黄金吸引着世界各地的人来这里淘金或做生意。在11世纪的时候，一位摩洛哥学者贝克利对加纳产生了浓厚的兴趣，于是随他朋友的商队来到了这里。经过在撒哈拉沙漠中几个月的长途跋涉，他们终于到达了加纳北方边城奥达果斯特。但货物的交易场所并不在这里，而是在加纳的首都昆比城。在奥达果斯特稍作休息后，他们又开始向昆比出发。

贝克利骑在骆驼上，仔细观赏着加纳的风土人情。经过几天的跋涉，他们的商队终于到达了昆比。昆比虽然只有3万人，但在当时是个大城市。他们在大街上还遇到了国王的车驾。只见国王骑着高头大马，满身穿戴着黄金，有金项链、金手镯，衣服上和马鞍上都是黄金，真不愧是"黄金之国"。

第二天，贝克利和朋友来到了市场上做生意。经过几天的交易，他们满载当地的象牙、黄金等货物开心地回到自己的国家。贝克利根据这次去加纳的所见所闻，写下了《非洲见闻》一书，该书成了对非洲古代文明记载较早的文献。

莫斯科公国

莫斯科旧址是在涅格林纳河和莫斯科河之间的一块高地上，现今的克里姆林宫西南。据说，莫斯科这个地区原是贵族库奇科的庄园。12 世纪中叶，罗斯托夫－苏兹达尔公国王公尤里·多尔戈鲁基在统治期间（1125 年—1157 年），以武力夺取了这块土地。据编年史记载，1147 年，尤里在莫斯科庄园宴请切尔尼戈夫王公。这是古代文献中第一次提到莫斯科，因此这一年被看成是莫斯科历史的开端。1156 年至 1158 年，尤里在这块高地周边设置了木墙以及挖掘了护城河，将其变成一座城堡，从而奠定了莫斯科城的基础。

1237 年年末，拔都率蒙古军从科洛姆纳向莫斯科进军，莫斯科居民奋力抵抗，但终因兵力悬殊而告失败，守将菲利普·尼扬克战死，居民被屠杀的达 24000 人，这个事实说明莫斯科已发展到一定规模。

1252 年，拔都任命亚历山大·涅夫斯基为弗拉基米尔大公。当时，谁取得大公称号，他就兼有诺夫哥罗德王公和普斯科夫王公的权位，并拥有弗拉基米尔、佩列亚斯拉夫、科斯特罗

▲ 亚历山大·涅夫斯基

马、下诺夫哥罗德等重要城市。因此东北罗斯王公，都为争夺大公称号，彼此相互残杀。这正合乎蒙古统治者的心意。

1263 年，亚历山大·涅夫斯基死后，莫斯科作为一个独立的世袭公国传给他的幼子丹尼尔。他就是新莫斯科王朝的奠基者。这样，在 13 世纪中叶，东北罗斯又兴起了一个新的封建王国——莫斯科公国。它与特维尔、罗斯托夫、里亚赞诸国相比，还显得十分弱小。但由于莫斯科具有优越的地理条件，有利于它的发展。它位于东北罗斯的中央地带，四周有纵深的防护林带，不易受外族侵扰，使居民能在较为安全的环境中从事工农业生产，加速了经济的发展。莫斯科还是河网中心，莫斯科河、奥卡河穿流而过，与伏尔加河、顿河相连；南达里海、黑海，北通斯摩棱斯克和诺夫哥罗德，是几条商路的枢纽。以上有利条件促进了莫斯科公国经济上的繁荣。

从 14 世纪开始，科洛姆纳、佩列亚斯拉夫、莫扎依斯克先后被莫斯科公国吞并，莫斯科公国原有领土差不多增加了一倍。被吞并的地区在经济上和战略上也很重要，科洛姆纳土地肥沃、人口稠密；莫扎依斯克位于莫斯科上游，是公国西境最重要的据点；佩列亚斯拉夫的森林资源丰富，盛产鱼和盐，为公国提供大量财富。

奥斯曼帝国

属于黄色人种的土耳其人本是突厥人的一个分支，当初他们是为了躲避蒙古人的铁骑才来到小亚细亚半岛。在这里他们依附于塞尔柱人建立的罗姆苏丹国，信奉了伊斯兰教。13 世纪后期，罗姆苏丹国分裂为多个小酋长国，埃尔托格鲁尔领导的土耳其部落便是其中的一支。1288 年，埃尔托格鲁尔的儿子奥斯曼继承了土耳其部落酋长的职位，土耳其从此掀开了新的一页。

奥斯曼不仅有满腹的作战韬略，而且野心勃勃。他继任酋长的职位后，马上开始向东扩张，使土耳其迅速崛起。

奥斯曼把临近的部落接二连三地吞并，然后把首都定在卡加希沙尔。1300年，拥有相当势力的奥斯曼自称苏丹，宣布自己的领地为独立的公国。善于用兵的奥斯曼把部落成员训练成一支组织严密、战斗力极强的军队，所向披靡地向外扩张，将掠夺的土地分封给有功劳的将士，以此鼓励他们继续勇敢战斗。此外，奥斯曼以古老的伊斯兰宗教思想灌输战士的头脑，并积极吸收各地的人民，他的队伍很快就壮大起来了。

1301年，奥斯曼带领军队蚕食了东罗马帝国在小亚细亚的领地；5年后，东罗马帝国在小亚细亚西北部的重要城市布鲁沙城沦陷。不久奥斯曼还没有完成扩张大业便病逝了，他的遗体安葬在布鲁沙城的一座教堂里。土耳其人也将都城迁移到布鲁沙城，控制了通往欧洲的咽喉要道达达尼尔海峡。

奥斯曼死后，他的儿子乌尔汗继位，在不到十年的时间里，就将东

▲ 君士坦丁堡的陷落

罗马帝国在小亚细亚的领地完全占领，纳入奥斯曼帝国的版图。乌尔汗一边对外用兵、开阔疆土，一边对政治体制进行一系列改革，大大加强了帝国的综合国力。乌尔汗还利用塞尔维亚和东罗马帝国的矛盾，趁机插手欧洲的事务。1354 年，土耳其人占领了加里波里岛，把它变成了进军欧洲的桥头堡。

1359 年，穆拉德一世即位后，将东罗马帝国境内的城池相继攻陷，东罗马帝国仅仅剩下首都君士坦丁堡一座城池了。1363 年，东罗马帝国丧失了所有的抵抗能力，被迫向奥斯曼帝国求和，自贬为奥斯曼的一个属国。

但是土耳其人的无限扩张遭到了巴尔干各国人民的强烈反抗，双方进行了长达数十年的战争。奥斯曼帝国在耗费了大量的人力和财力后，最终控制了巴尔干半岛。

印加帝国

最早生活在南美洲安第斯高原的奇楚亚、艾玛拉和其他语系的部落，在这里缔造了美洲三大文明之一的印加文明。在很早之前，他们就创造了较高的农业文明。在 11 世纪，奇楚亚语系部落之一的印加人（即南美洲古代印第安人），建立了印加帝国，都城是库斯科（今秘鲁南部）。

早期，印加还处在部落联盟阶段。经过三百多年的发展，到了 15 世纪 30 年代，印加逐步发展为以现在秘鲁共和国的库斯科为中心的统一而强大的奴隶制帝国，它的版图包括哥伦比亚、厄瓜多尔、玻利维亚、阿根廷和智利的一部分，人口达到 600 万以上。

在印加帝国，国王被视为太阳之子。印加帝国的整个奴隶制统治机构相对来说都很完善。这个帝国的真正名称是"塔万廷苏约",意即四方之国,表明这个帝国以库斯科为中心,分成四个大行政区域(苏约)。每个大行政区域下面分若干省,每个省下面又分若干个区。一个区相当于一个农村公社。四大行政区域都由印加贵族出身的总督进行严密控制,并由这些贵族组成议事会,与印加国王共商全国大事。印加国王被尊为太阳神在人间的化身,是政治、军事和宗教首脑,实行政教合一的统治。国王对地方控制很严,地方长官每隔一定时期就被召到中央汇报工作;国王还常常到全国巡视,了解情况,检查工作,并听取沿途人民的申诉。在决定国王的继承人时,要倾听议事会的意见并得到它的许可。新的国王只在原国王的正妻诸子中挑选,其他诸子无继承资格。

▲ 印加人金像

印加帝国的土地名义上为国王所有,可分为三大类:一是太阳田,其收入供修建神殿、祭祀以及充作维持无数僧侣和女巫的生活费用;二是印加田,其收入供王室和一切行政开支;三是公社田,其收入供公社和社员使用。在公社社员分配土地时,每个公社的男子可分得一块份地(图普)。每生一个男孩,父亲可增加一块份地;生一个女孩只可增加半块份地。份地为公社社员暂时占有使用,定期重分。在被征服地区,则把三分之一土地留给被征服者,三分之一给印加人,其余三分之一留给国王本人。印加帝国的一切土地都由公社社员耕种,公社社员必须先耕太阳田和印加田,然后才能耕种公社和个人的土地。

印加是世界农业文明的摇篮之一。在安第斯山上修有层层梯田,筑有总计113千米长的渠,还建有1400米长、15米深横跨峡谷的引水渠槽。印加人使用青铜制造的斧、刀、镰和锄等农具,还懂得使用羊驼粪和鸟粪做肥料,以提高农业产量。印加人培植了40多种农作物,如玉

米、花生、木瓜、番茄、龙舌兰等，对世界农业的发展有着巨大的贡献。

 历史的碎片

> 古代印第安人在农业方面对世界做出了重大的贡献。经考察研究，古代印第安人从美洲野生植物中共培育出60多种农作物和蔬菜新品种。在粮食作物中，有玉米、马铃薯、木薯、甘薯以及各种豆类；在经济作物中，有花生、橡胶、烟草和可可；在蔬菜中，有番茄、辣椒、南瓜和西葫芦等。这些农作物在哥伦布发现新大陆后被逐渐传播到世界各地。目前这些农作物的总产值约占世界农业总产值的一半以上。所以，古代印第安人在人类发展史上占有重要地位。

印加帝国的手工业和采矿业也有一定发展。帝国的矿藏也属于国王所有，国王强迫矿山附近的农民开采。

印加帝国十分重视交通事业。印加国王为了加强其统治，曾修筑两条贯穿全国南北的大驿道：一条是高原道路，起自哥伦比亚，贯穿厄瓜多尔、秘鲁、玻利维亚、阿根廷，抵达智利，全长约5600千米；另一条是沿海低地道路，北起南纬1度，经厄瓜多尔、秘鲁，进入智利中部，全长约4000千米。两条大驿道宽5~8米。大驿道所经之处，逢山修筑隧道，遇水架设吊桥或桥梁。大驿道有专门擅长长跑的驿吏负责传达国王和政府的命令；它的沿途设有专供驿吏居住的驿站，并建有专供国王和政府官员住宿的行馆；为了保证大驿道的畅通，还指定专门工人负责养护路面。

印加人是擅长建筑的民族，有"印第安建筑工程师"之称。建于海拔3000米高原盆地的库斯科城，巧夺天工，气势磅礴，达到了很高的设

▲ 秘鲁的印加文化遗址马丘比丘

计建筑水平。库斯科城中心是一个大广场，广场四周是由供神的庙宇、印加国王的宫殿和贵族的官邸等组成的建筑群，外面是居民住宅区，最外层是郁郁葱葱的高山峻岭。库斯科城犹如蜘蛛网的中心，由大驿道把它同全国各大行政区联系起来。印加政府为加强首都安全，在库斯科城周围的高山上和大驿道隘口筑有高大的城堡，城堡外面还建有"之"字形的城墙。库斯科城修建得非常坚固，虽经一千多年风雨侵蚀，历经几次强烈的地震，但许多城墙至今仍然屹立于山谷之中。

印加人的婚姻制度与其他印第安人不同，一切都由政府代办。政府规定男子满 24 岁，女子满 18 岁必须结婚。结婚有一定的程序，往往先由政府选定一个吉日，将达到结婚年龄的青年男女召集到村镇广场，然后由地方政府官员给他们选择配偶结为夫妻。公社成员都没有自己选择配偶的自由。印加国王和政府官员们实行一夫多妻制，但一般居民则实

行一夫一妻制。青年男子结婚后，由他所居住的村庄为其布置新房，并给新婚夫妇分配一定数量的份地。

印加人崇拜太阳神。他们认为印加国王是太阳神的化身，而自己则是太阳神的后裔。他们为崇拜太阳神，建筑了巨大的太阳神庙。库斯科的太阳神庙规模最大，占地约 400 平方米。此庙有一个大殿，墙壁四周装饰有厚厚的黄金片，大殿内有一个以黄金铸成的太阳神像，面朝东方，并镶有各种宝石和翡翠。它在早晨的阳光照射下放射出耀眼的光彩。太阳神庙旁有印加人献给太阳神的"黄金花园"。园中到处都装饰着黄金和白银制成的花卉、芳草以及嬉戏追逐的飞鸟走兽。该庙像是一座以黄金筑成的庙宇，故有"金宫"之称。印加人除崇拜太阳神外，还崇拜月亮神，认为月亮神是太阳神的妹妹和妻子。印加人还崇拜印加国王。因此，印加国王死后要被制成木乃伊，在神庙中保存下来，受到人们的膜拜。每当盛大节日时，祭司就抬着它们去游行。在印加人出征时，也把它们抬到战场，以协助印加人取得战争的胜利。

印加人还具有较高的天文学知识。在库斯科太阳神庙广场中心矗立着一个天文仪表"日表"。这是一根石柱，地面上有一条与石柱直角相交的直线，以石柱的日影来测定时间和季节。库斯科城东郊和西郊还建起四座圆柱形石柱塔，用以观察太阳，以确定夏至和冬至。印加的历法阴阳结合。太阴历以月亮圆缺一周为一月，一般以 12 个月为一年，一年分为 354 天；太阳历则以冬至为岁首，一年为 365 又 1/4 天。

印加的文字比玛雅原始，采用结绳记事。以绳索的结和颜色作为文字符号的办法，称结绳文字。印加人称他们的结绳文字为"基普"，即以一根毛绳或棉线绳，在上面垂直地系上成排的细绳。在垂着的细绳上距主绳不同的距离处拴上结头。与主绳最远的结是个位，再上一位是十位，然后是百位、千位。细绳的颜色表示一定的事物。如白色代表白银，黄色代表黄金等。

1531 年，皮萨罗率领西班牙殖民者入侵印加帝国。第二年，他们诱

捕了印加国王阿塔瓦尔帕。在骗取了印第安人的大量赎金之后，1533 年却残忍地杀害了他，印加帝国从此灭亡。

历史的沉思

西方国家的殖民扩张，不但为它们掠夺了大量的经济财富，而且还压榨和伤害当地的居民。随着这些入侵者对美洲各国的疯狂掠夺，严重地打击和摧毁了当地的文明。最具有代表性的是在西班牙灭掉印加帝国以后，印加人所创造的、灿烂的印加文化也随之消亡。这对世界文明的发展是一个严重损失。

文艺复兴

14 世纪，随着资本主义的产生，欧洲新兴的资产阶级开始登上历史舞台，拉开了文艺复兴的序幕。文艺复兴早期是在以佛罗伦萨为中心的意大利开始的，而且只是表现在文学艺术领域内。中世纪时期的意大利，几乎将欧洲所有先进城市的文学艺术成就囊括一空。

14 世纪末到 15 世纪初的意大利人，非常热衷于古典希腊文化，并且普遍产生了反对经院哲学的思想。同样，与古典希腊文化一脉相承的古罗马文化也被意大利人认可，古罗马时期的艺术和建筑自然也受到青睐，法国的建筑艺术风格（即哥特式建筑风格）逐渐被古罗马的风格所取代，成为意大利人所津津乐道的艺术选择。

商业活动和银行业的发展使得意大利比以前还要富裕，获得财富的人逐渐对城市的荣誉感有所增强，于是大量的财富被投入到文化建设当中。富人纷纷出资建一些象征城市辉煌的公共纪念性建筑，并且愿意拿出钱财，让作家尽可能地用华美的辞藻将城市共和国在散文和演讲等文学作品中反映出来，尽可能地颂扬和讴歌，且乐此不疲。

但是，王公贵族的世袭统治垄断了文化事业，在整个 15 世纪里这种局面都没被打破。很多贵族为了粉面贴金，对文学和艺术创作下了大手笔，不惜以重金粉

▲ 哥特式建筑风格的佛罗伦萨圣十字教堂

饰自己的统治，家族势力稍微小一些的贵族也对这种社会风气趋之若鹜，在自己力所能及的范围内效仿那些王公贵族。

在德国北方，文艺复兴最早酝酿。从 15 世纪中叶开始，在德国的纽伦堡大学、爱尔福特大学等不少大学里出现了人文主义者群体，他们从人文主义的角度来研究宗教、道德与哲学问题，对《圣经》与早期拉丁教父的作品进行大量的翻译、注释与探讨。由此，新的知识文化运动在大学逐渐发展，到 16 世纪达到高潮。

德国文艺复兴的代表人物是勒克林（1455 年—1522 年）。他出生于巴登，曾就学于海德堡大学、巴黎大学、巴塞尔大学等。留学意大利时，他接受人文主义思想，成为欧洲第一位希伯来语学者，他精通希腊语、拉丁语，熟谙哲学与神学。他在 1516 年写成《希伯来语提要》，次

年又完成了《卡巴拉哲学论》。在反对科伦大学经院哲学家焚烧犹太书籍的斗争过程中，勒克林及其追随者形成了勒克林学派。他们发表了讽刺文集《蒙昧者书简》，抨击经院哲学权威们不学无术，以及他们烦琐无聊的争论，揭露罗马教会的愚昧与贪婪。

人文主义诗人胡登（1488年—1523年）也是德国文艺复兴的杰出代表。他出身于骑士家庭，思想激进，擅长诗歌创作，曾用德语写诗，获得过"桂冠诗人"称号。他主张依靠骑士实现德国统一集权，曾经参加过济金根的骑士起义。1513年，胡登访问意大利后，开始萌发出反对罗马教皇神权压迫德国的思想观。1520年，他发表了《罗马的三位一体》一书，揭露了罗马教廷对基督徒的敲诈与勒索，抨击了德国贵族的专横独断，认为这两者是德意志民族独立和政治统一的障碍，必须对之予以痛击。胡登还是《蒙昧者书简》第二部的主要撰稿人。胡登很崇拜意大利著名人文主义学者瓦拉，将他的《〈君士坦丁赠礼〉伪作考》一书带回德国出版。

勒克林和胡登的学术文化活动与人文主义思想，从思想上动摇了罗马教皇的权威，唤醒了德国人民的民族意识，为16世纪德国的宗教改革做了思想准备。

德国文艺复兴在艺术上也取得了丰硕成果，产生了杰出的油画家、版画家和雕刻家阿尔布雷特·丢勒（1471年—1528年）。多才多艺的丢勒出身于纽伦堡一个金银首饰匠家庭，从小随父学艺，15岁起跟随纽伦堡画家学画三年。从1490年起，他先后到法兰克福、巴塞尔、斯特拉斯堡和科隆等地游学，受到人文主义思潮的影响。1495年和1505年，他还两次访问意大利，与著名人文主义画家贝里尼和拉斐尔切磋画技，并深入研究达·芬奇的作品，奠定了其绘画艺术发展的基础。丢勒一生创作了大量木刻画、铜版画、油画和人物素描等，以版画最具影响力。他的主要艺术作品有《启示录》《基督大难》《小受难》《男人浴室》《海怪》《浪荡子》《伟大的命运》《亚当与夏娃》《骑士、死神与魔

鬼》等；在美术理论方面，还著有《绘画概论》和《人体解剖学原理》等。

小汉斯·霍尔拜因（1497年—1543年）是德国文艺复兴中的又一卓越画家，擅长画人物肖像画。他出生在德国南部的奥格斯堡，早年随父亲学画，于1515年移居巴塞尔城，1519年加入该地画家公会，创作了大量壁画、肖像画、祭坛画与书籍插图。他与伊拉斯谟交往甚密，为《愚人颂》一书绘了不少插图。他的主要艺术作品有《巴塞尔市长迈耶尔像》《伊拉斯谟》《英王亨利

▲ 达·芬奇《蒙娜丽莎》

八世》等。在人物画中，他以出色的技巧、流畅的线条，重点刻画人物的个性和神态。如他对伊拉斯谟写作时聚精会神姿态的刻画，栩栩如生，十分完美。名画《伊拉斯谟》誉满全欧，是当时写实主义绘画的经典之作。他的一些作品还触及了社会底层。在他的作品中，有憔悴的农民追逐瘦马，以及濒于死亡的乞讨人等，反映了德国劳动人民的痛苦生活。

法国文艺复兴的活动中心主要在宫廷之中。15世纪末，法国形成了封建君主专制制度，新兴资产阶级依附于王权，这就使得法国的文艺复兴运动一度带有宫廷化色彩，出现了以七星诗社为代表的贵族派。在宫廷之外一些人文主义者也在为伸张人的自由平等而疾呼。

七星诗社是16世纪著名的贵族派人文主义者文学团体，由七位诗人组成，以龙沙（1524年—1585年）和杜贝莱（1522年—1560年）为

首，在语言和诗歌理论方面做出了突出贡献。七星诗社的诗人们从事过各种创作，如爱情诗、宫廷诗、史诗、喜剧、悲剧、文艺批评等。他们的诗声望很高，但其主要贡献却是对法语的改革。文艺复兴时期，一些有识之士深感丰富法语和发展民族文化的必要性。1549年，杜贝莱执笔撰著的《保卫和发扬法兰西语》，是七星诗社的宣言书。在这之后，杜贝莱在《橄榄集》的序言，龙沙在《诗艺概论》和《法兰西亚德》两书的序言中又对七星诗社的主张做了进一步阐述：用法语进行文学创作，撰写出可与古代诗歌媲美的作品，诗歌须韵律和谐，形式自然，反对浮夸，为法语增辉生色；向希腊语和拉丁语假借词语，创造新词，丰富法语词汇宝库；细心培植，推进法语的统一和发展。他们的这些主张，反映了法兰西民族意识的觉醒，促进了法国民族语言和民族文学的发展。然而，他们排斥民间诗歌，脱离民众的社会生活，带有贵族精英化的保守倾向。

在法国文艺复兴中，拉伯雷（1494年—1553年）是杰出的人文主义作家之一。他出身于希农城一个富裕法官（一说是律师）家庭，从小接受教会学校的枯燥教育，成年后入修道院当修士。他刻苦学习希腊和罗马的古典作品，并广交人文学者，逐渐萌发了人文主义思想。后来，他游遍包括巴黎在内的法国的大部分城市，结识了宗教界、司法界和知识界的许多名人，也了解到封建教、俗权的愚昧残暴和底层人民群众的贫困痛苦，有了更加开阔的视野。拉伯雷还三次游览文艺复兴运动的发祥地意大利，访问了许多名人和古迹，学习了宗教、哲学、数学、音韵、法律、考古、天文等许多方面的知识，成了一个博学的人文主义学者。1530年，他进入蒙彼利埃大学医学院学医，毕业后到里昂行医。他翻译了希拉克拉底的《希拉克拉底誓词》和意大利名医玛纳尔蒂的《拉丁通信集》等著作。1537年，他还勇敢地解剖了一具被绞死的囚犯的尸体。这种追求科学的举动触怒了保守的天主教会。

拉伯雷以后法国还产生了不少著名人文主义学者，蒙田（1533年—

1592年）是其中的一个典型代表。他出身于波尔多的一个经商的小贵族之家，青少年时代曾经在吉耶纳和巴黎学习语言、法律，从1557年起在波尔多法院任职，1571年开始隐居于其父在乡间的领地潜心写作。1580年至1581年他游历了德国、意大利等地，回国后曾任波尔多市长数年。他撰写的《随笔集》反映了他的人文主义的理想追求。在这部文集中，蒙田以其广博的学识和深厚的人文素养，对希腊、罗马的文化遗产广征博引，讴歌现实的人生价值与世俗享乐。他认为，应当以自己的看法，而非某种外在的伦理规范，来评价人们的善恶是非和衡量事物的价值。在蒙田看来，既然人对自己行为、事物、感受的判断取决于自己的思想，那么人就有权利排除宗教与世俗之权威的干预，选择自己的生活方式，追求自己的幸福。同时，人生旅途是短暂的，即便是能乐享天年的人，最终也难免自然死亡，因此人就应当尽力追求现世的幸福。为了论证人的现世享乐的合理性，蒙田还为之蒙上了一层"神意"的光环，并对那些虚伪的禁欲论者予以严厉的鞭挞。这些随笔开创了随笔式文学的先河，具有丰富的知识和思想内涵，被称为"生活的学问"，享有"思想宝库"的美誉，在法国文学史上占有举足轻重的地位，被誉为欧洲近代哲理散文的经典。

政治思想家让·博丹（1530年—1596年）是法国文艺复兴时期的另一代表人物。他出身于昂热的一个相当富有的中产家庭，青年时代曾在图卢兹大学攻读法学，深受人文主义思想的影响。此后他曾担任王室法庭律师、雷恩城王室首席检察官，并在1577年作为第三等级的首席代理人出席了布劳伊斯的三级会议。同时，他还致力于探讨国家的政治统一与主权完整等现实问题，撰写了不少论著，其中1576年出版的《国家六论》是他的代表作。当时的法国，君主专制得以发展，民族国家已经形成，但仍然面对封建割据的挑战与国际竞争的压力。宗教改革所引发的宗教战争（又名"胡格诺战争"），更是将国内、国际的矛盾斗争聚合在一起，对法国君主制统治形成巨大冲击。为了探索国家稳定发展的方式，他撰写了《国家六论》一书。在该书中，他以神法、自然法和罗马法为参照，充分论证国家主权存在的必然性和国家主权权威的绝对性。在他看来，国家权力至高无上，主权是统一不可分的，君主是国家主权唯一的承担者。这一主权表现为君主的立法权、宣战权与媾和权、官员任免权、铸币权和征税权等。国家主权不可分割，任何臣民都不能与君主分享这一主权。同时他也指出，私有财产是神圣的，任何君主都无权侵占别人的财产，无权擅自征收捐税。违背神法与自然法的君主就是不合法的君主，因而也就丧失了作为国家主权者的身份与资格，国民就有权与之反抗。博丹的"国家主权"学说，主要是针对觊觎世俗权力的教皇和闹分裂的封建贵族，反映了新兴资产阶级建立开明君主专制、巩固民族国家统一的政治理想，对日后资产阶级政治学说的发展有很深的影响。

英国文艺复兴的兴起稍晚于西欧大陆，16世纪才开始出现。15世纪末、16世纪初，英国资本主义萌芽的破土成长与新兴资产阶级、新贵族的日益兴起，迫切需要新知识、新文化。与此相应，到意大利访问和"取经"的文人学者逐渐增多。他们把意大利文艺复兴的成果纷纷引入英国。

英国文艺复兴运动在16世纪末至17世纪初形成高潮，取得了显著的新文化成果，主要代表人物有托马斯·莫尔和威廉·莎士比亚。

托马斯·莫尔（1478年—1535年）出身于英国伦敦一个不太显赫的富有家庭，其父曾担任过皇家高等法院的法官。莫尔自幼就受到良好教育，后又进入牛津大学攻读古典文学。从1494年始，他相继在新法学院、林肯法学院攻读法学。在毕业后他成为一名优秀律师，接触了大量涉及下层社会的讼案，目睹了广大人民群众所遭受的苦难。他主持公道，能够替受屈的人们撑腰，因而在伦敦很有名望。此后，他相继担任国会议员、伦敦司法长官、王室的枢密顾问、副财务大臣、下议院议长等要职，于1529年成为英国首席大法官，是当时英国政界的显赫人物。

由于他在国务活动中坚持己见，不赞同亨利八世与王后凯瑟琳离婚，再娶安妮·宝琳，于是在 1532 年他辞去要职。1533 年，亨利八世迫使议院通过法令，宣布其为英国教会的首领，莫尔因拒绝宣誓承认英王的这一宗教权威而被作为叛国者遭到监禁，两年后被处以死刑。莫尔不仅具有丰富的社会经历，而且学识广博。他精通拉丁文、希腊文，对希腊古典文化中的柏拉图、伊壁鸠鲁、亚里士多德等人的思想十分熟悉，其中柏拉图的思想对莫尔产生了巨大影响。莫尔也受到人文主义思潮的熏陶。早在牛津大学就读期间，他就与在此任教的人文主义者科利特、格罗辛、林纳克等人往来密切，并与欧洲大陆的人文主义大师伊拉斯谟交往很深。所有这些都为莫尔对现实社会的思考奠定了基础。

莫尔在 1515 年至 1516 年间用拉丁文撰写的《乌托邦》（全名为《关于最完美的国家制度和乌托邦新岛的既有益又有趣的全书》），集中地体现了他的社会政治理想。在当时的英国，新贵族和新兴资产阶级在王权的庇护下加快了资本原始积累的速度，广大下层民众深受其害，社会矛盾十分尖锐，其中正在发端的圈地运动所引发的社会震荡十分强烈。针对这一社会现实，莫尔将其对社会弊端的批判与对美好社会的向往付诸笔端，于 1516 年出版了这一著作。

威廉·莎士比亚（1564 年—1616 年）是英国文艺复兴时期的伟大剧作家和诗人。他出身于英国中部沃里克郡斯特拉福镇一个富裕市民家庭，少年时在当地有名的文法学校读书，掌握了写作的基本技巧与较丰富的知识；15 岁时由于家道中落，被迫辍学，此后经商；20 岁后到伦敦，先在剧院当马夫、杂役，后入剧团，做过演员、导演、编剧，并成为剧院股东。大约在 1588 年之后，他负责剧团里的剧本改编，从此走上创作的道路。莎士比亚一生大约撰写了 39 部剧本、154 首十四行诗和 2 首叙事长诗。他的创作道路在各个阶段有着不同的特点。

1590 年到 1600 年是莎士比亚的创作早期，又称为历史剧、喜剧时期，他创作了 7 部历史剧、10 部喜剧和 2 部悲剧。当时的英国正处于女王伊丽莎白一世统治的鼎盛时期，王权稳固统一，经济繁荣。莎士比亚对在现实社会中实现人文主义理想充满信心，因此其作品洋溢着乐观明朗的色彩。他写《理查三世》《亨利四世》和《亨利五世》等历史剧，概括了英国历史上百余年间的动乱，塑造了一系列正、反面君主形象，反映了莎士比亚反对封建割据和暴君政治、要求开明君主专制、建立和谐稳定秩序的人文主义政治与道德理想。他在这一时期创作的喜剧包括诗意盎然的《仲夏夜之梦》、扬善惩恶的《威尼斯商人》、反映市民生活风俗的《温莎的风流娘儿们》、歌颂爱情又探讨人性的《第十二夜》等。这些喜剧剧本的基本主题是爱情、婚姻和友谊，带有浓郁的抒情色彩，表现了莎士比亚的人文主义生活理想。在这段时期里他还写了《罗密欧与朱丽叶》，该作品虽然有哀怨的一面但其中也洋溢着喜剧气氛。尽管主人公殉情而死，但爱的理想战胜死亡，换来了封建世仇的和解。

17 世纪初，伊丽莎白女王一世与詹姆士一世政权交替，英国社会矛盾激化，社会丑恶日益暴露。这一时期，莎士比亚的思想和艺术走向成熟，人文主义理想同社会现实发生激烈碰撞。他痛感理想难以实现，创作由早期的赞美人文主义理想转变为对社会黑暗的揭露和批判，宣泄悲愤与沉郁的情绪，进入了创作的第二时期（1601 年—1607 年），又称悲剧时期。这一时期他共创作了 8 部悲剧，其中的《哈姆雷特》《奥赛罗》《李尔王》和《麦克白》被称为四大悲剧。

1607 年以后，莎士比亚进入创作的最后时期，也是衰落时期。这一时期又称莎士比亚的传奇剧时期。在这一时期，他的作品往往通过神话式的幻想，借助超自然的力量来解决理想与现实之间的矛盾。作品贯串着宽恕、和解的精神，没有前期的欢乐，也没有中期的阴郁，而是充满美丽的生活幻想，浪漫情调浓郁。传奇剧《暴风雨》（1611 年）最能代表这一时期的风格，被称为"用诗歌写的遗嘱"。此外，他还写有《辛白林》和《冬天的故事》两部传奇剧和历史剧《亨利八世》。

 历史的沉思

　　莎士比亚的作品广泛而深刻地反映了十六、十七世纪的英国社会现实，抨击了封建制度的腐朽黑暗，揭露了资本主义原始积累时期的种种罪恶，倾吐了新兴资产阶级的理想诉求和人文主义的心声。他的作品结构饱满完整，情节曲折生动，语言丰富精练，人物个性突出，具有很高的艺术造诣和境界。莎士比亚的作品在当时达到了思想性与艺术性的高度统一，集中体现了欧洲文艺复兴在文学领域的最高成就，对欧洲近代现实主义文学的发展深有影响。因此，他不但被称为"英国戏剧之父"，而且还同荷马、但丁、歌德一起被誉为欧洲划时代的四大作家。

德国宗教改革

　　因德国特殊政治经济的存在，宗教改革首先爆发于此。随着德国经济的发展，在 15 世纪末至 16 世纪初商业相当繁荣，资本主义开始在德国萌芽，与封建制度产生了矛盾，再加上罗马教会、封建贵族等不断剥削和压迫普通大众，使得德国各种矛盾日益尖锐。德国迫切需要民族统一，为资本主义经济发展扫清道路，建立民族教会。在此背景下，马丁·路德开始宗教改革。

　　出身于德国富裕市民家庭的马丁·路德，他的父亲原是矿工，靠租用领主的三座小熔炉起家。在父母严格的宗教教育下，路德从小就接受了传统的基督教信念。1501 年，他进入德国最著名的埃尔福特大学学习法律；在大学期间，他开始受到反对罗马教皇的世俗思想的影响。1505

年，他入奥古斯丁会学习神学。

马丁·路德在被任命为维登堡修道院副院长和维登堡大学神学教授期间，认真研读《圣经》，发现天主教会的制度及其神学理论与基督教教义严重背离。他认为信徒只要依靠个人对耶稣的信仰即可得救，信仰的唯一依据是《圣经》，而非天主教会制定的神学。这样，路德对教皇的权威从理论上予以否定，同时还否定了天主教神学的基本观念。

1517年10月31日，路德在维登堡的卡斯尔教堂的大门上张贴《九十五条论纲》，宗教改革爆发。《九十五条论纲》对美因兹大主教亚尔伯特售卖赎罪券的做法予以痛斥，提出了"信仰耶稣即可得救"的原则。这一事件引起了强烈反响，激发了人们对教权至高无上的怨愤和反对，点燃了德国宗教改革的火焰，使路德一时成为德国全民的代言人。1519年，罗马天主教会的神学家约翰·艾克同马丁·路德在莱比锡展开了大论战。这场论战，成为路德宗教改革生涯中的一次重大转机。

1520年，路德发表《论基督徒的自由》和《教会被囚于巴比伦》两篇重要文章，全面阐述了"因信称义"的宗教改革理论。其主要内容是：只要有信仰，人人都能与上帝交流，获得上帝的拯救；人人都有阅读《圣经》的权利，任何人都不能剥夺；人与上帝的交往是通过教徒的结社，信徒一律平等；简化宗教仪式；政教分离，从根本上否定了教皇至高无上的地位和教会高于国家的天主教思想。

马丁·路德的理论和活动使教廷大为恐慌。教皇命令路德在60天之内改变观点，

▲ 马丁·路德指责赎罪券

否则将开除他的教籍，但路德依旧坚持自己的观点。1521年4月，在教廷的支持下，神圣罗马帝国皇帝发布旨意，取消对路德的法律保护，但是议会没有听从，反而将路德召到议会陈述他的观点。路德在议会的演说引起阵阵欢呼。会后，路德在群众的保护下离开会场，避开了教皇的逮捕，逃亡到萨克森，被萨克森选侯保护起来。从此，路德潜心于对神学的研究与写作，继续宣扬其宗教改革的主张。

▲ 路德派教徒正在与罗马天主教教徒进行争论

 历史的碎片

　　在马丁·路德改革之前，天主教是禁欲的。为了向天主教禁欲主义发起挑战，1525年42岁的路德和一位叛逃的修女结婚。这位出身于没落贵族的修女叫波拉，她的童年是在修道院度过的。1523年她从修道院出走，两年后和路德结婚。他们一共生育了6个孩子，除此之外还收养了4个孤儿，总共抚育了10个孩子。他们一生非常恩爱。自结婚后，波拉主要负责操持家务，经营酿酒厂，养鱼，管理钱财和农庄，路德亲切地称她为"我的主人凯瑟"。

科学的重大发展

文艺复兴时期，科学也得到了一些发展。人们时常可见日出东方、日落西山的自然景观，久而久之，在古人的眼中，太阳被看成了围绕地球而旋转的天体，而地球则成了宇宙的中心。这种陈腐的观念直到16世纪才被一位波兰天文学家所打破，他就是近代天文学革命的旗手哥白尼。

由于托勒密的地心说在当时已经成为维持教会统治的神学理论基础，哥白尼深知发表日心说的后果，他这样写道："我清楚地了解，

▲ 有关哥白尼的《天体运行论》的描绘

一旦他们知道我在论证天体运行的时候认为地球是运动的，就会竭力主张我必须为此受到宗教裁判……""他们就会大叫大嚷，当即把我轰下台……"因此，哥白尼迟迟不愿意发表他的著作《天体运行论》，直到1543年3月才出版。这本书从写成初稿到出版，前后竟用了近"4个9

▲ 哥白尼像

布鲁诺于 1548 年出生在意大利的诺拉小镇上一个没落的贵族家庭。由于家境贫寒，15 岁那年，布鲁诺就在那不勒斯的一家修道院里当了一名小教士。在修道院时，他经常去图书馆借书，于是很快就和图书管理员成为好朋友。一天，管理员看到布鲁诺愁眉紧锁，便拿出一本波兰科学家哥白尼的著作《天体运行论》给他看。布鲁诺仿佛一下子抓住了真理，对《天体运行论》爱不释手，一口气把它读完了。从此以后，布鲁诺就以深造拉丁语和研究神学为借口，翻阅了大量的"禁书"。经过刻苦钻研，他坚定地认为：宇宙是无限的，太阳系只是无限宇宙中的一个天体系统，太阳也在时刻不停地运转着，它并没有改变与其他恒星之间的位置。后来由于僧侣向罗马教皇告密，布鲁诺在好朋友图书管理员的帮助下逃出了罗马，开始了漫长的流亡生涯。后来神职人员利用布鲁诺朋友把他骗回意大利，并把他逮捕入狱。

在长达 8 年的关押之后，1600 年 2 月 17 日，布鲁诺被罗马宗教裁判所活活烧死在罗马鲜花广场。鲜花广场上回荡着他无比坚定的声音："我决不放弃自己的思想！"

年"。1543 年 5 月的一天，已经双目失明的哥白尼抚摸着刚刚出版的《天体运行论》说："我终于推动了地球。"5 月 24 日，哥白尼逝世。

《天体运行论》出版后很少引起人们的注意。一般人不能了解，而许多天文工作者只把它当作编算行星星表的一种方法。在《天体运行论》出版后 70 年间，虽然遭到马丁·路德的斥责，但未引起罗马教廷的注意。后因布鲁诺和伽利略公开宣传日心地动说，危及教会的思想统治，罗马教廷才开始对这些科学家加以迫害，并于 1616 年把《天体运行论》列为禁书。然而经过开普勒、伽利略、牛顿等人的工作，哥白尼的

▲ 审判伽利略

 历史的碎片

　　1643 年，牛顿出生于英国东部林肯郡，并在 1665 年获得了剑桥学士学位。在伦敦大瘟疫期间，牛顿专注于数学的研究，并提出了有关微分和积分的主要原则，奠定了微积分学的基础。1687 年，在物理学方面牛顿提出了三大运动定律，同时在天文学方面提出了万有引力定律。此外，1668 年牛顿使用自己磨制的镜面制造了最早的反射望远镜。不久之后，牛顿又提出了光的"粒子"理论。1703 年，牛顿成为皇家学会会长（任职 24 年之久），两年后被英国安妮女王封为爵士。随后牛顿被不断授予各种荣誉。

　　为了纪念牛顿对科学发展做出的贡献，在国际单位制中力的单位被定为"牛顿"，即使得 1 千克的物体获得 1 米每 2 次方秒的加速度所需的力为 1 牛顿。

学说不断被证明和发展。恒星光行差、视差的发现，使地球绕太阳转动的学说得到了令人信服的证明。

在文艺复兴时期，数学、物理学、医学等方面也有很多重大发现和发明。比如，有"代数学之父"之称的意大利数学家卡尔达诺（1501年—1576年）首次在代数学上使用了文字符号，用字母表示已知数和未知数，促进了代数学的发展；意大利物理学家伽利略得出了自由落体定律和伽利略相对性原理等，做出了加速度运动的方程式；英国解剖学家哈维发现了血液循环的规律，从而彻底推翻了盖伦的错误学说。

在自然科学兴起的同时，哲学也有了重大进展。经验论哲学的代表之一英国的培根，在继承和发展古代原子论的唯物主义思想的同时，认为世界是可观的、物质的，是由分子组成的，不以人的意志而转移，是独立存在的，并按照自己的规律运动。唯理主义是法国的笛卡尔提出的，他主张用"普遍怀疑"的态度去反思、批判以往的一切信仰和观点，扫除偏见和迷信，为探求、发现和认识真理扫清了道路。

文艺复兴运动持续了近300年，其重大历史意义在于它不仅创造了光辉灿烂的新文化，尤为重要的是改变了人们的观念，解放了人们的思想。它是资本主义时代到来的先声，也是资本主义发展的基础。

地理大发现

繁荣的商贸让中世纪的欧洲人更加热爱经商和游历，意大利马可·波罗的《马可·波罗游记》一度非常流行，每个读过它的人，都对富庶、神秘的东方充满了向往，很多人都想到东方亲眼见见那个美丽的大都，然后再带回一大堆的金银财宝。

1487年葡萄牙探险家迪亚士发现了好望角，这使越来越多的葡萄牙人相信，从海路是可以到达印度的，只是还有一些困难。当时的天文地理知识也有了很大发展，古希腊地理学家的地圆学说日益流行，西方人相信地球是圆的，不是一个大饼状，只是没有亲自验证过。有的人想从好望角向东搜寻，另一部分人则认为往西走才能到达中国。

在这些争论者中，哥伦布最坚信地圆说，即只要从欧洲海岸一直向西航行，就可到达印度，得到大量的黄金和香料。

为了实现自己的愿望，哥伦布四处寻求资助者。最后，西班牙国王决定给予资助，并事先封哥伦布为将要发现的土地的宗主和统治者，有权把新土地上总收入的二十分之一留下，但这些土地的主权将属于西班牙国王。

经过一番准备，哥伦布在 1492 年 8 月 3 日从西班牙出发了。他的船队由 3 艘大帆船和 87 名水手组成，一直向西航行。10 月 12 日凌晨，在经过两个多月艰苦又枯燥的航行后，船头上的一名水手突然一声惊叫："啊！陆地！"在即将隐去的月光下，他隐隐约约看到前方有一块陆地。

哥伦布非常兴奋，命令船队全速前进。天亮后，他们在这个长满繁盛草木的地方登陆了。哥伦布宣布这里是西班牙的土地，并将其命名为圣萨尔瓦多岛。圣萨尔瓦多意为救世主，这个岛就是现在巴哈马群岛中的华特林岛。

不过，当时哥伦布以为自己已经到了印度，所以把当地人称为印第安人（即印度人）。当时的印第安人，还处于极其原始的生活状态，他们第一次见到与自己不同的白种人，看到这些人是从茫茫大海上来的，以为他们是神仙派来的贵客，对他们非常热情。这些白人还非常"慷慨"，他们不是白要金银财宝的，而是用一些"神奇的宝贝"来交换。

这些"神奇的宝贝"就是玻璃和用过的扑克牌等东西，水手们用这些废品换取了大量印第安人的贵重物品。令哥伦布感到疑惑的是，这里不像他想象中那样——遍地是黄金和香料。于是，哥伦布决定不再向西

行进，而是由此向南航行，结果到达了附近的古巴和海地，发现了那里许许多多的大小岛屿。

带着掠夺来的财富和 10 个印第安人，哥伦布返航了。他在 1493 年 3 月 15 日回到西班牙，向欧洲人宣布，他已经找到了通往印度的航路。这在欧洲引起了轰动，哥伦布得到了西班牙国王的礼遇，成为西班牙的贵族。

不久后，哥伦布又两次到达美洲，由于这里黄金不多，因此西班牙国库并没多出多少财富，哥伦布也没能成为巨富。1506 年，哥伦布病逝于西班牙，而且直到死，他都认为自己所到的地方就是印度。后来，一个叫亚美利加的意大利冒险家到了美洲大陆的另一边，看到了太平洋，从而证实了哥伦布发现的并不是印度，而是欧洲人过去不知道的一个新大陆，人们这才把那里称为亚美利加洲，即美洲。

▲ 哥伦布像

▲ 哥伦布的航海船只复原图

真正通过探险证实可以从海路到达印度和中国，并且能环绕世界航行的是麦哲伦。西班牙人虽然发现了美洲大陆，但在那里所获得的利益远远不如葡萄牙人在印度所获得的多，所以西班牙决意要继续向西航行，以求到达印度。1519 年，葡萄牙人麦哲伦在西班牙国王的资助下，率领一支由 5 条大帆船和 200 多名水手组成的探险船队出航了。

麦哲伦的船队先是沿着已经知道的道路向西航行，然后转向南，沿着美洲大陆摸索着南下，发现了美洲南部的海峡，后来人们把这里称为麦哲伦海峡。在横渡太平洋时，麦哲伦的船队经历了严重的缺少食物和淡水的困难，他们吃光了船上的老鼠。一些极度失望的水手发动叛乱，结果被麦哲伦镇压，两个叛乱首领还被抛在了途中的荒岛上。

1521年，麦哲伦终于到达了陆地，得到了食物和淡水的补充。这是一群岛屿，麦哲伦命名为菲律宾。此时的麦哲伦异常激动，他环球航行的梦想终于要实现了，他从西方向西航行，终于到达了东方。他以不可辩驳的事实证明：地球的的确确是圆形的。

在菲律宾群岛上，当地居民起先和印第安人一样，对麦哲伦一行人非常友好。可是，麦哲伦希望岛上的居民放弃原先的信仰，改信基督教。在遭到拒绝后，麦哲伦举起了枪炮，强迫当地居民就范。这一来惹

历史的沉思

　　自郑和下西洋几十年后，最早开启大航海的是葡萄牙王子恩里克。恩里克王子曾先后两次派人出航探险，并把加纳利群岛和亚速尔群岛变成了葡萄牙的殖民地。后来葡萄牙人达·伽马受葡萄牙国王的派遣开始了航海之路。他带领船队绕过非洲最南部的好望角，然后北上到达了莫桑比克的海岸。葡萄牙的这两次航海探险激起了后来的哥伦布和麦哲伦对航海探险更大的热情，其实是引起了西方国家对殖民掠夺更强烈的欲望，同时也推动了新航路的开辟。

　　新航路的开辟，不禁加强了东西方文化的交流，促进世界各国的贸易往来，开辟了海上丝绸之路，缩短了世界各国间的距离；也使西方国家兴起了奴隶贸易，在掠夺各殖民地的经济财富的同时，大肆杀害当地居民，摧毁了许多的灿烂文明，开始了罪恶的原始资本积累之旅。

怒了当地居民，他们毫不留情地杀死了麦哲伦和一些水手。

幸存的人急忙开船离开，沿着已经熟悉的航路进入印度洋，再沿着葡萄牙人发现的航路返回西班牙。

新航路的开辟，让西方人大举进入东方市场，不仅经济贸易空前高涨，文化艺术之风也兴盛起来。他们每到一个地方，就立一面旗子，宣布自己是这块土地的主人。亚洲、非洲和美洲，从此一步步走进了被殖民化的行列。

早期殖民掠夺

随着欧洲商品经济的繁荣发展，需要开拓新的市场，寻找原料。自新航线开创以后，欧洲各国开始了早期的殖民掠夺。

最早进行殖民掠夺的国家是葡萄牙和西班牙。自 15 世纪起，葡萄牙在亚洲、非洲、拉丁美洲开始建立殖民侵略点与商站。马六甲海峡、爪哇、几内亚、刚果、安哥拉、巴西等地，都是它们抢夺原料和经营贸易的地点。它们还掠夺当地人的珠宝和香料，在当地经营它们的手工业品等。

哥伦布发现了美洲，揭开了西班牙殖民者远征美洲的序幕。西班牙的海外殖民地要比葡萄牙大得多。16 世纪，西班牙拥有一支自称"无敌舰队"的海上舰队，横扫地中海和大西洋上的一切敌手。在葡萄牙热衷于对其他国家的掠夺时，西班牙开始关注新大陆的金银矿产，并强迫当地的印第安人为他们开矿，压迫奴隶为他们种植庄园，掠取了更多的巨额财富。

▲ 葡萄牙火枪手铜像

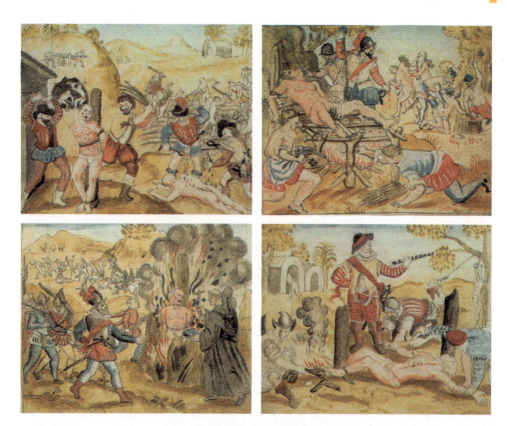

▲ 欧洲殖民者在美洲的暴行

西班牙人不但掠夺拉丁美洲的财富，还摧毁了印第安人的古代文明，用军事武力征服拉美各国，灭掉了印第安人的文明古国——阿兹特克帝国和印加帝国，并在当地设立殖民政府，不断地掠夺当地人的土地和财富。

强盛的西班牙凭借海上力量和葡萄牙为争夺马六甲海峡进行了一场较量，结果葡萄牙人败北，西班牙鲸吞了香料的巨额利润。当时荷兰正和西班牙交战，荷兰商人为香料的利润急红了眼睛，迫切想找出解决问题的办法。荷兰当局表示，如果能开辟一条通向东方的新航线，找出香料的原产地，政府就会用武力保护他们的安全。

1595年在荷兰商人、航海家霍特曼的带领下，以购买香料为名，一群荷兰商人开始了新的航海历程。他们在海上颠簸了一年零两个月才到

达东印度群岛，在苏门答腊岛的爪哇靠岸，霍特曼吩咐手下人准备好火枪，半买半抢当地的香料。这次远行，虽然霍特曼带回来的香料不多，获利也不大，但荷兰商人却打开了通往香料王国的新航路。之后，荷兰人一反常态，再次到达东印度群岛，公平买卖香料，还帮助苏丹打败了

▲ 贩奴船上的残暴行径

 历史的沉思

　　早期的欧洲殖民扩张，使葡萄牙、西班牙、荷兰、英国、法国等国家开始了罪恶的奴隶贸易。从15世纪中叶开始他们在非洲、欧洲与美洲之间进行奴隶贸易，这也是他们主要的贸易活动。奴隶贸易为西方殖民国家聚敛了巨额财富，成为资本原始积累的重要来源。奴隶贸易活动持续了几百年，直到19世纪末才基本结束。

西班牙的入侵，在东印度群岛站住了脚。

1602 年，荷兰东印度公司正式成立。荷兰的东印度公司的武装船队开始在荷兰和东印度群岛之间穿梭，将香料源源不断地运回国内。英国人想在香料市场分得一杯羹，结果被荷兰人赶了出去。然后，荷兰将印度变成了不折不扣的殖民地。葡萄牙人虽然退出了香料市场的竞争，但是仍派重兵扼守马六甲海峡。在利益的驱使下，荷兰人的武装船队炮轰了马六甲海峡，扫除了海路上的障碍。

西班牙 "无敌舰队"

西班牙在 16 世纪凭借强大的海上力量，横行西半球，垄断了许多地区的海上贸易，并将殖民扩张行动延伸到海外以及世界各地。而英国也当仁不让，它和西班牙一样有着强烈的扩张欲望，想通过海路打开对外扩张的通道。一场不可避免的海上冲突就此拉开了帷幕。

1568 年，苏格兰发生了一场政变，苏格兰女王玛丽一世逃亡到远房亲戚英国女王伊丽莎白一世门下。但她没有想到的是，她一到英国就遭到伊丽莎白一世的软禁。而西班牙国王腓力二世对玛丽一世早就垂青已久，她遭到囚禁后，腓力二世当然会全力营救。当时的英国由于推行新政，伊丽莎白一世正遭到英国天主教上层分子的反对，于是借此机会，腓力二世联合英国国内的天主教上层分子发动了一场声势浩大的武装暴动。暴动遭到了伊丽莎白一世的残酷镇压，腓力二世企图救出玛丽一世的计划也落空了。但他并没有死心，屡次派间谍刺杀伊丽莎白一世，工于心计的伊丽莎白一世每次都能逢凶化吉。但她也越来越明白，只要玛丽一世不死，腓力二世绝对不会罢手。如果要立即处死玛丽一世，腓力二世就会马上挑起战争，她为此举棋不定。

就这样一直过了18年，英国国务大臣终于成功地将间谍安插在玛丽一世身边，掌握了她和阴谋分子的秘密信件。以谋杀英女王伊丽莎白一世的罪名，玛丽一世在1587年2月被处死。

苏格兰女王玛丽一世的死震惊了欧洲天主教会，教皇马上颁发诏书，号召天主教徒同英国作战。首先响应的就是西班牙国王腓力二世，他用了整整一个夏季集结了一支庞大舰队，号称"无敌舰队"。

1588年7月，"无敌舰队"从西班牙西北的一个港口起航，130艘战舰首尾相连，向英国海域进发。英女王伊丽莎白一世派舰队迎战。

激烈的战斗刚刚进行了一天，"无敌舰队"就有两艘旗舰遭到火炮重击而退出了战斗，一个分舰队司令也被英国人俘虏了。海上的战斗持续到第七天，渐渐不支的"无敌舰队"躲进多佛海峡，焦急万分地等待着援军，但是英军封锁了整个海域，"无敌舰队"根本无法与援军会合。第二天夜间，"无敌舰队"遭到英国舰队的突袭，损失惨重。此时，已经弹尽粮绝的西班牙舰队接连两次遭到风暴袭击，战舰所剩无几了，战斗能力也大打折扣。

1588年10月，"无敌舰队"剩余的43艘残破战舰，带着战败的耻辱返回西班牙。

▲ 战败的西班牙"无敌舰队"

资本主义制度的初步确立

尼德兰革命

　　"尼德兰"在荷兰语中是低地的意思，它包括今天的荷兰、比利时、卢森堡和法国北部的部分地区。中世纪时期，它先后受罗马帝国、法兰克王国和神圣罗马帝国统治。16世纪初，尼德兰又转归西班牙哈布斯堡王朝管辖。当时它分为17个省，有大小城市140座，人称"城市之国"。

　　自新航路发现以后，欧洲的商业中心转移到大西洋沿岸，促进了尼德兰经济的繁荣。16世纪以后，它的资本主义生产关系已有相当发展，在北方以荷兰、西兰两省的工商业最为发达，毛麻纺织业和造船业极负盛名；特别是阿姆斯特丹城，以航运业和捕渔业著称，它同波罗的海沿

岸国家、俄国、英国有密切的贸易关系。在南方，主要有佛兰德尔和不拉奔两个著名的工商业区，同西班牙及其殖民地保持密切的经济联系。安特卫普是南方最大城市，它的港口有两千多个泊位，每天有一千多艘来自世界各地的商船进出，城内有各国商行和办事处千所以上，经济交往极为繁忙。

随着资本主义萌芽的发展，尼德兰的资产阶级正在形成，特别是商业资产阶级的力量很强大。其中经营国内贸易的商人和手工工场主的政治态度比较激进，他们以卡尔文教为旗帜，在反对西班牙统治的斗争中起了领导作用。

农民和城市平民是尼德兰革命的主力军。他们在阶级和民族的双重压迫下，强烈要求改变现状。他们一般信奉新教或卡尔文教。

16 世纪以后，西班牙和法国展开了争夺欧洲霸权的斗争。为了遏制法国，西班牙把尼德兰作为一个重要的战略基地，因而日益加紧对这一地区的控制。西班牙国王查理一世（1516 年—1556 年在位）推行专制政策，横征暴敛。他在尼德兰任命总督，设立财政院和枢密院，加强财政搜刮和司法控制。当时西班牙国库每年收入为 500 万佛罗林（西班牙货币单位名称），其中半数来自尼德兰。查理一世之子腓力二世（1556年—1598 年在位）变本加厉地对尼德兰进行掠夺。1557 年，他拒绝偿付国债，使尼德兰的银行家损失惨重。1560 年，他提高西班牙羊毛出口税，输往尼德兰的羊毛原料突然减少近半，当地资产阶级的利益遭受极大的打击。许多手工工场倒闭，大量工人失业。同时，腓力二世还取消尼德兰商人同西班牙殖民地直接通商的特权，中断了他们与英国的贸易往来，使这些商人的利益遭受巨大损失。腓力二世的这些反动措施，使尼德兰的民族经济面临破产的威胁，当地人民对西班牙统治者的不满情绪普遍高涨，民族矛盾急剧激化。

历史上的西班牙是一个传统的天主教国家，尼德兰是一个新教广为流行的地区。在罗马教廷的唆使和支持下，西班牙国王查理一世在尼德兰大肆追捕异端，设立宗教裁判所，残酷迫害新教徒。1550 年，他颁布法令，对稍与路德教、卡尔文教著作有接触的人，均以叛徒和破坏社会治安论罪，男的被剑刺死，女的则被活埋，藏匿、帮助异端的人，与其同罪。人们把这个法令称为"血腥诏令"。西班牙国王腓力二世时期，进一步加强了对新教徒的迫害。据估计在 16 世纪中期，尼德兰被杀害和被驱逐者达五万多人。面对残酷的大屠杀，

▲ 时任尼德兰总督的玛格丽特

尼德兰广大人民群众与西班牙统治者展开了英勇斗争。到 16 世纪 60 年代初，尼德兰的许多地区先后出现暴动，大有燎原之势。

在革命形势不断高涨的情况下，1565 年 11 月，奥兰治亲王威廉·厄格蒙特伯爵、拉莫拉尔·荷恩大将等一批与资产阶级利害相关的贵族组成贵族同盟。次年春，他们向尼德兰总督呈递请愿书，要求废除"血腥诏令"，召开三级会议，撤退驻军等；同时还表示效忠西班牙国王。这些要求不仅遭到了总督的拒绝，而且他们还受到政府官员的嘲弄，并被辱骂为"乞丐"。从此以后，贵族同盟就故意用"乞丐"一词作为这个组织的绰号，它的成员们都在衣服上绣了一个讨饭袋的图样作为同盟的徽号，并且借此暗示西班牙人正在破坏他们的国家。

当贵族同盟的请愿遭到拒绝而踌躇无策之际，一场人民革命运动像

火山一样爆发了。1566 年 8 月，在佛兰德尔的一些城市中，出现了大规模的以破坏天主教的圣像为形式的人民起义，并很快蔓延到其他 12 个省区，历史上称之为破坏圣像运动。参加者主要是手工工场的工人、帮工和城市平民，斗争矛头直指天主教会。起义者手执棍棒，冲进天主教教堂和修道院，捣毁圣像和各种"圣物"，焚毁债券和地契，没收教会的财产。两个月之内，五千五百多座天主教教堂和修道院的内部设备全部被破坏。破坏圣像运动标志着尼德兰革命的开始。

声势浩大的人民革命运动，沉重地打击了西班牙的反动统治。他们暂时没有力量镇压起义，于是采取缓兵之计，假意答应停止迫害新教徒，允许卡尔文派教徒到指定地点做礼拜，并赦免贵族同盟的成员。被革命运动吓坏了的贵族阶层，闻讯如释重负，他们一向都是跪着暴动的，现在很快与政府妥协，贵族同盟便很快解散了。这时卡尔文派的资产阶级领袖也发生动摇而纷纷退出运动，致使这场如火如荼的革命运动丧失领导和斗争目标，从而发生危机。尼德兰贵族、资产阶级的叛变与妥协，为西班牙反动统治者赢得了反扑时间。1567 年 8 月，西班牙派阿尔发公爵率军 18000 人到达尼德兰，在许多大城市和战略要塞布防，开始镇压革命运动。他采取残暴的恐怖手段，设立一个名为"防暴委员会"的特别法庭，大批逮捕起义者，不经审判即处以死刑。尼德兰各地布满了绞架和断头台，火刑柱的浓烟弥漫大地，8000 人惨死在阿尔发的屠刀下。尼德兰的贵族同盟的几个主要领袖先后惨死，奥兰治亲王威廉亡命德国。紧接着阿尔发在尼德兰加紧搜刮钱财，他扬言："宁把一个贫穷的尼德兰留给上帝，不把一个富庶的尼德兰留给魔鬼。"1571 年，阿尔发宣布征收新税，一切动产和不动产都征收百分之一的财产税，土地买卖征百分之五转卖税，一切贸易征百分之十的交易税。这种税制使尼德兰的经济出现严重混乱，工商企业纷纷倒闭，许多资产阶级逃往国外，大批工人被抛向街头。

尼德兰人民并没有被西班牙的白色恐怖所吓倒，广大手工业者、工人、农民和一部分资产阶级鼓起勇气，继续战斗。他们在海上和密林中组织起游击队，自称"海上乞丐"和"森林乞丐"，到处打击敌人，推动了革命高潮的到来。

1572年4月1日，一支由24艘船组成的"海上乞丐游击队"攻占了西兰岛上的布里尔城，点燃了北方总起义的导火索。他们以布里尔为根据地，多次击败了敌人的反扑。时隔不久，起义的风暴席卷了尼德兰北方各省。是年夏天，几乎整个荷兰、西兰两省都从西班牙占领下解放出来，在人民斗争的凯歌声中，尼德兰资产阶级组成军队，建立政权，对亲西班牙的势力实行镇压。农民群众也起来捣毁天主教教堂，拒绝缴纳封建租税。1572年7月，奥兰治亲王威廉在北方各省议会上被推为总督。到1573年年底，北方各省先后宣布独立，尼德兰北方事实上已经成为一个独立的国家。

阿尔发起初对各省起义不屑一顾，不久他就感到严重威胁，于是倾其全力镇压革命，并野蛮地蹂躏许多城市。但是这并没有挽回他们在北方各省失败的命运。最后西班牙国王不得不召回阿尔发，任命列克森为尼德兰总督，率西班牙军队继续进攻。1574年5月，列克森率军包围了荷兰海滨城市来登，全城人民坚持抵抗达数月之久。他们忍受着饥饿的痛苦折磨，表示宁可吃掉自己的左手以保全右手，也决不投降。后来荷兰人决开海堤，以洪水淹没敌军，敌人伤亡惨重，被迫撤退。来登保卫战的胜利，鼓舞了尼德兰各地人民的革命斗争。

北方各省的胜利，推动了南方各省人民的反抗运动。1576年9月4日，布鲁塞尔爆发了人民起义，推翻了西班牙在尼德兰的统治机关，从此革命战争中心转移到南方各省。10月间，全尼德兰三级会议在根特召开，会议通过根特协定，宣布取消阿尔发暴政，重申各城市的原有权力，但是没有提出独立问题。

随着南方革命运动的深入进行，与西班牙关系密切的反动贵族的利益受到损害，他们发动叛乱，成立阿拉斯联盟，与北方各省分裂，并阴

谋与西班牙妥协。作为对抗手段，1579 年年初，北方各省与南方部分城市组成乌特勒支同盟，同盟宣布永不分裂，以各省代表所组成的三级会议为最高权力机关，制定统一的币制和外交政策。1581 年 7 月，同盟决定不承认西班牙国王腓力二世对尼德兰的统治权，并宣告成立联省共和国，后来改称荷兰共和国。

1585 年，西班牙军队攻陷布鲁塞尔和安特卫普，在南方恢复了反动统治，至此南北方分裂大局已定。1609 年，西班牙同北方缔结了 12 年休战协定，事实上承认了荷兰共和国的独立。直到 1648 年，西班牙才最后正式承认荷兰的独立。尼德兰南部后来形成比利时、卢森堡两个国家。

尼德兰革命是一次胜利的资产阶级革命。通过革命，建立了欧洲第一个资产阶级共和国。由于这次革命发生在资本主义手工工场时期，资产阶级还不成熟，革命后还保留了大量的封建残余。另外，这次革命对世界历史的影响还不能与 17 世纪英国资产阶级革命相比，它只是区域性的，不带有世界范围的典型性。因此，我们说尼德兰革命是中世纪最后一场革命，通过这场革命，给人们带来了资本主义就要开始统治世界的信息。

英国资产阶级革命

随着英国经济的不断发展，英国的富裕阶层、新贵族与封建专制统治发生了矛盾。到了 17 世纪 30 年代末，各种社会矛盾空前激化，国王与国会的冲突日益尖锐，城乡人民的斗争频繁发生，封建专制制度严重阻碍了社会发展。

1640 年英王查理一世为筹措军费，被迫恢复长期关闭的议会。在议会中，资产阶级和新贵族结盟，要求限制王权，拉开了英国资产阶级革命的序幕。在议会里，议员们不断抨击国王专政，严重激怒了查理一世，他派军队闯入议会，抓捕反对他的议员，从而挑起了内战。最终，议会军队打败了国王军队，由国会和军队共同组成了特别法庭，来审判查理一世。查理一世在 1640 年 1 月 27 日被判死刑，并于 30 日被送上了断头台。随后，英国宣布为共和国。

▲ 查理一世像

　　共和国建立后，只颁布了有利于资产阶级和新贵族的土地政策，农民照例得缴纳地租，负担其他封建义务。对此，人民群众普遍不满，很多地方发生了下层群众运动。

　　资产阶级和新贵族早年的革命性已不复存在，他们惧怕人民革命，不敢依靠人民群众推翻复辟王朝，只能寄希望于发动宫廷政变，来实现他们的目的。1688 年发动的政变确立了资产阶级和新贵族的统治地位，巩固了英国资产阶级革命的成果，成为英国历史上的一个转折点。

　　英国资产阶级革命对欧洲和世界其他地区都产生了重要的影响。它宣告欧洲新的政治制度的诞生，揭开了欧洲和北美资产阶级革命运动的序幕，推动了世界历史发展的进程，在更大程度上反映了当时整个世界的要求。

历史的碎片

　　1599年，克伦威尔生于亨廷登郡一个中等贵族家庭，17岁那年进入剑桥大学学习，后来又到伦敦学习法律。1628年，克伦威尔被选为议员，开始了从政生涯。他参加了反对查理一世的战斗，并凭借出色的军事才能，在国会的军队中确立了领导地位。之后，他带领军队冲锋陷阵，将查理一世的军队击溃。因为他的军队所向无敌，故赢得了"铁骑军"的称号。

　　在克伦威尔领导下，英国资产阶级革命成功推翻了封建统治，将不可一世的国王查理一世送上了断头台。由于克伦威尔代表的是新贵族的利益，他惧怕广大民众要求进一步革命，于是在国内实行了军事独裁，而他本人也成了一个"无冕之王"。

　　国会军将查理一世送上断头台后仅仅一个星期，苏格兰议会就拥立查理一世的儿子查理二世为国王，并加紧备战，准备出兵讨伐英格兰。得到消息后，克伦威尔马上率领军队前去征讨，以锐不可当之势占领了苏格兰首都爱丁堡。1651年9月3日，克伦威尔全歼了苏格兰军队，并占领了那里的全部土地。查理二世逃往国外。接连的胜利让克伦威尔获得了"常胜将军"的称号。

美国独立

　　随着北美殖民地经济的不断发展，英国统治者也逐渐加深了对这块"繁荣地段"的剥削。1770年3月5日，驻扎在波士顿的英军以保护执行关税条例的英国官员为由，向进行抗议的当地民众开枪，波士顿5名无辜的市民倒在了英军的枪口下，同时还有6名市民受伤，这就是美国历史上有名的"波士顿惨案"。1773年12月16日波士顿倾茶事件发生后，英国政府对北美殖民地的反抗大为恼火，于是颁布了一系列惩罚性的法令。英国政府的暴行更加激起了北美殖民地市民的愤怒，一场争取独立和自由的战火即将在北美大陆上燃烧起来。

要反抗英国殖民者的残暴统治，军火武器至关重要。可是殖民地人民私藏火药的消息激怒了英国政府，1775年4月18日晚，英国总督派兵前往军火武器的来源地——离波士顿不远的康科德查缴武器。19日清晨，在英国少校指挥官史密斯的带领下，800名穿着赭红色军装的英国轻步兵趁着薄雾偷偷地来到莱克星顿村边，正要摸进村子，却与早就等在那里的民兵相遇。双方僵持了一段时间后，突然响起了枪声，随后双方展开了激战。这一仗，北美民兵共打死打伤英国士兵247人，取得胜利。莱克星顿的枪声，揭开了美国独立战争的序幕。

▲ 华盛顿率军横渡特拉华河

1775年5月10日，在费城召开了第二届大陆会议，人们决定成立

历史的碎片

波士顿倾茶事件，是指 1773 年发生的北美殖民地波士顿人民反对英国东印度公司垄断茶叶贸易的事件。

1773 年，为倾销英国东印度公司的积存茶叶，防止英国东印度公司破产，英国政府通过一项特别针对该公司的《救济东印度公司条例》。英国政府在该条例中规定，东印度公司有免缴高额进口关税和到北美殖民地销售积压茶叶的权利，不允许北美殖民地人们贩卖茶叶。通过这项条例，英国东印度公司垄断了整个北美地区的茶叶销售，从中获取了巨额的利润。英国政府颁布的这项条例引起北美殖民地人民的极大愤怒，于是反对英国殖民统治的运动迅速在全国蔓延开来。

在波士顿，一批以约翰·汉考克和塞缪尔·亚当斯为首的青年组成了一个新的党派——波士顿茶党。他们的主要目的就是捣毁英国东印度公司装有茶叶的船只，通过这种方式反对英国政府所制定的这一极不合理的条例，反抗英国政府的殖民统治。1773 年 12 月，在波士顿茶党组织下，几十个北美殖民地的反英群众利用夜色的掩护，化装成印第安人闯入船中，将装载在船上的英国东印度公司的茶叶全部倒入了大海，英国东印度公司遭受了巨大的损失。

北美殖民地人民的这一举动极大地激怒了英国政府。1774 年，英国政府企图通过一系列的高压法令迫使北美殖民地人民就范，殖民地人民开展争取民族独立的解放战争已为时势所迫。

波士顿倾茶事件是北美人民反对英国殖民统治的行动开始，反映了北美广大殖民地人民毫不畏惧的精神品质，它是北美独立战争的导火线。

▲ 油画《独立宣言》

一支正式的军队——大陆军，由华盛顿任总司令。

1776 年 7 月 4 日，大陆会议通过了《独立宣言》，正式宣布北美 13 个殖民地断绝与英国的隶属关系，成立美利坚合众国。大陆军成为美利坚合众国的军队。整个北美殖民地人民情绪激昂。华盛顿率领军队接连取得胜利，迫使英军退出新泽西州中西部。

1777 年美军取得了萨拉托加战役的胜利，并与英国签订了《萨拉托

 历史的沉思

　　美国独立战争的胜利是世界历史上第一次大规模的殖民地争取民族独立的战争的胜利。它为美洲殖民地争取民族独立树立了典范，同时也为推翻英国殖民统治拉开了序幕。美国独立战争的胜利创造了世界上第一个联邦总统共和制国家：美利坚合众国。

加条约》，这也是美国独立战争的转折点。之后，国际反英势力开始陆陆续续支援美国，对英宣战。

1781 年，美、法等多国联军在约克镇与英军展开激战，英国统帅康华利率部投降。

1783 年，美英签订和约，英国承认美国独立。

欧洲启蒙运动

到封建制度末期，随着资本主义经济的发展及其与封建制度矛盾的日趋尖锐，在意识形态领域里批判封建制度、宣传资产阶级学说的思潮便发展起来。继中世纪文艺复兴运动之后，大概从 17 世纪开始，又兴起了一种新的学说，即适应资产阶级革命与改革的启蒙学说。这一思潮在英国表现得最为活跃，其主要代表人物有霍布斯和洛克等，他们是早期的启蒙思想家。

他们所着重阐述的理论，比较集中在几个方面：理性、人的自然权利、自然法、社会契约。他们强调的理性是指人的理性，与上帝的统治是相对立的。启蒙思想家们宣传人的理性，以及由理性所决定的自然法，目的都是为了保障人的自然权利。

人权问题是所有启蒙思想家普遍重视的基本问题。在封建专制制度下，平民（包括资产阶级）的权利得不到保障，他们最重视人权也就很自然了。在人的自然权利方面人们是平等的。

众多思想家在论述人权问题时，都无例外地主张个人的权利应受到约束。在他们看来，这种约束就是社会契约。他们一致认为，人类为了避免互相伤害和保障自己的自然权利，就要订立契约，共同遵守，建立起有固定法律的社会。17 世纪的启蒙思想家们已经提出了在理性学说指导下的自然、人权、法治、社会契约等一系列观点，用以对抗封建专制统治者的王权、神权和特权。这些学说，在18世纪法国启蒙思想家那里得到了更大的发展和完善。

随着封建制度进入没落时期，18世纪在法国涌现出一批十分卓越的启蒙思想家。由于这些启蒙思想家的突出贡献，18世纪常被称为"启蒙时代"或"理性时代"。

法国的启蒙时代是在17世纪理性学说的基础上发展起来的。随着启蒙运动的兴起，凡尔赛宫廷逐渐失去了以往那种作为文学艺术中心的地位。哲学家和文人学者们的活动中心转移了，出现了一些爱好并资助文学活动的人，包括自由贵族和富有的资产阶级。由他们的夫人们所主持的沙龙活动，日益取代了过去宫廷的游乐场所。这是舆论中心转移的表现，反映了时代的变迁。

▲ 在乔芙兰夫人的沙龙里诵读伏尔泰的悲剧《中国孤儿》

在18世纪前半期，启蒙运动还处在形成和初步发展的阶段，思想上和理论上都还不够成熟，也不够系统；但到了18世纪后半期，就进入了成熟的鼎盛时期，特别是唯物主义哲学家"百科全书派"的出现和卢梭著作的大量问世，更使启蒙运动放射出异彩。

在 18 世纪法国的启蒙思想家当中，有一些原始共产主义的理论家，包括梅里叶、马布利和摩莱里等。他们提出反对私有制、实行财产公有的共产主义主张，在社会主义学说发展史上占有一定地位。然而，从当时的环境来看，这类学说影响很小，不代表启蒙运动的主流，而且他们的理论是原始的、粗糙的，也具有明显的反封建的特点。真正产生巨大影响的，还是当时的资产阶级思想家，也就是恩格斯说的为革命"启发过人们头脑的那些伟大人物"，比较突出的有伏尔泰、孟德斯鸠、卢梭等。

伏尔泰（1694 年—1778 年）是启蒙运动的巨匠和旗手，启蒙思想家的卓越代表。他的作品涉及哲学、政论、文学、史学、戏剧、自然科学等各个方面。18 世纪末由博马舍编辑出版的第一个伏尔泰全集达 70 卷之多。他宣传哲学唯物主义，强调人的生而平等的自由权利，主张实行开明君主制。其哲学著作有《哲学通信》《论信仰自由》《哲学辞典》等；文学作品有小说《查第格》《老实人》《天真汉》《如此世界》等多种；还有史学著作《查理十二传》《路易十四时代》《彼得大帝在位时期的俄罗斯帝国史》等。此外还有诗歌、剧本和宣传牛顿学说的自然科学著作。他不仅在法

▲ 伏案工作的伏尔泰

国，而且在欧洲都有很大影响。

孟德斯鸠（1689 年—1755 年）也是启蒙思想家中的优秀学者。他虽然出身贵族，但毕生都致力于反封建的学术活动。他早年写了揭露性的作品《波斯人信札》，猛烈抨击封建王权、神权和特权。后来，他潜心研究法学，写出了传世名著《罗马盛衰原因论》和《论法的精神》。他是资产阶级法学的主要奠基人。

卢梭（1712 年—1778 年）是最著名的资产阶级激进民主主义思想家。他生活坎坷，但思想坚定，为实现民主政治的理想写下了大量著作。他把人权理论，特别是人民主权学说提到了空前的高度，成为系统的理论。卢梭写成第一篇论文《论科学与艺术的复兴是否有助于敦化风俗》之后，一直笔耕不止；不久后写的《论人类不平等的起源和基础》一文，奠定了他的政治学说的理论依据；后来又写出代表作《社会契约论》，以及爱情哲理小说《新爱洛伊丝》、教育小说《爱弥儿》和自传

历史的碎片

1762 年，一个名叫卡拉的新教徒的儿子因欠债而自杀。天主教会向法院诬告卡拉，说他儿子因为想改信天主教，被信新教的父亲杀死了。法院于是把卡拉全家逮捕，严刑拷打后判处死刑。处死的这一天，刽子手们先用铁棒打断了卡拉的双臂、肋骨和双腿，然后把他挂在马车后面，在地上活活拖死，最后还点上一把火，把尸体烧成灰烬。

伏尔泰听说这件事之后，异常愤怒，他亲自调查了事件真相，把这件冤案的调查报告寄给了欧洲许多国家熟识的人，震惊了整个欧洲。法国天主教会迫于压力，不得不宣布卡拉无罪，恢复了他家人的自由。从此，伏尔泰被称为"卡拉的恩人"，声望越来越高。

体作品《忏悔录》；还有一些关于经济学、音乐和戏剧的作品。

以上所述，只是欧洲启蒙思想家中有名的几位，是留下大量传世之作的佼佼者。在那个时代还有许多的学者奋笔疾书，为宣传理性做出了贡献。

法国大革命与拿破仑帝国

进入 18 世纪后，法国的封建制度进入了没落时期，即"旧制度"时期。绝对君主制度在 17 世纪后半期经历了著名的"路易十四时代"，到 18 世纪初盛极而衰，转变为腐朽的反动事物。路易十四的好大喜功和挥霍无度，使得法国国势逐渐衰弱。到其晚年，法国在国际上已开始失去强国地位，而且国库空虚，他死时留下的国债已达 25 亿里弗尔（大约相当于 300 亿欧元。一说 24 亿里弗尔）。在 18 世纪的几次国际战争中，法国多次成为战败者，海外殖民地大部分落入英国手中。

旧制度衰落的一个重要表现，是它对资本主义发展的阻碍作用。1715 年路易十四死去，其曾孙路易十五继位后，波旁王朝对金融资产阶级开始实行蛮横无理的敲诈勒索政策。

频繁的对外战争是税收提高和国债增长的直接原因，而战争的失利又使法国的海外殖民地大量丧失。特别是在 1756 年至 1763 年的七年战争中，法国一败涂地，整个加拿大和绝大部分印度殖民地都被英国夺去。后来因在美国独立战争期间对英作战，为筹措军费使国债增加 20 亿里弗尔，财政濒临破产境地。

上述状况使旧制度日益陷入难以摆脱的危机之中。1774 年，路易十五死去，其孙即位，即路易十六。新国王曾为改变这一状况做过努力。路易十六任命的第一任财政总监是重农主义经济学家杜尔哥。杜尔哥在路易十六支持下进行了一系列改革，曾一度使情况有所好转。然而，杜尔哥推行的具有资产阶级性质的进步改革，遭到了特权等级，尤其是宫廷贵族集团的猛烈攻击。路易十六屈服于贵族们的压力，于1776年将杜尔哥免职。

到1789年，法国国债已达45亿里弗尔，需付出的利息已同全年财政收入相近。这就说明，财政危机已成为封建制度命运攸关的症结所在。1788年、1789年，路易十六两度召回内克就任财政总监，企图摆脱困境。但是，旧制度已病入膏肓，内克也无回天之力，只能将希望寄托在召开三级会议之上。

▲ 凡尔赛宫外景

从1302年开始的三级会议，到1614年后就不再召开了，反映出绝对王权的加强。第三等级对召开三级会议有了新的愿望和主张。资产阶级希望通过三级会议促使王国政府推行改革，使启蒙思想家提出的一些

主张转化为国家政策。城市平民强烈要求减轻赋税和抑制特权。广大农民则要求限制领主们的残酷压榨，因为他们正在遭受"领主反动"带来的灾难。这样的情绪支配下，第三等级群众反对三级会议的传统开会方式，要求给第三等级以双倍代表名额，并且要求3个等级的代表共同集会，以代表个人投票进行表决，而不是各等级分别集会，以各个等级为表决单位。

经过多方努力，内克终于使路易十六同意给第三等级双倍代表名额。三级会议代表的选举活动便在这样的情况下开始了。当选第三等级代表的以律师为最多，其次是资产阶级和地方法官，以及地方行政官员、自由职业者等，还包括十几名自由派贵族和教士。

1789年5月5日，三级会议在凡尔赛王宫召开。由于国王在讲话中表示了拒绝进行改革的态度，第三等级代表便自称"下院"，刻意仿效英国国会下院，进行抗拒王权的斗争。6月17日，第三等级代表决定成立国民议会，宣布自己是代表96%以上国民的机构。这意味着三级会议历史的终结，人们已不再承认等级的划分。

自三级会议召开以来，国民议会、制宪议会的斗争，在市民中引起了很大的震惊，并开始纷纷表示对制宪议会的支持。1789年7月14日，巴黎人民攻克巴士底狱是法国大革命爆发的标志。攻占巴士底狱成为

▲ 三级会议在凡尔赛宫召开

一个伟大的信号，迅速点燃了整个法国革命的熊熊大火。

迫于形势，路易十六不得不向制宪议会表示，承认新政权。7 月 27 日，路易十六来到巴黎，从市长巴伊手中接受了三色帽徽，表示他批准人民选出的新政府。大革命以迫使国王屈服的结局迈出了胜利的第一步，但日后的路程还很长。

随着法国大革命的发展，制宪议会成为国家正式的立法机构和革命领导机构，实际上掌握了全国政权。在立宪派领导下，制宪议会为改造封建旧制度和奠定资本主义社会的基础，做出了十分重大的贡献，比如议会废除了各种封建特权和封建地租等，所颁布的法令总称"八月法令"。

"八月法令"刚刚通过，制宪议会从 1789 年 8 月 12 日起恢复了对《人权宣言》的讨论。宣言阐述的核心是"自然的、不可剥夺的和神圣的人权"。宣言强调天赋人权的原理，"在权利方面，人们生来是而且始终是自由平等的"。宣言提出，权利来自国民，权利"就是自由、财产、安全和反抗压迫"。宣言还宣布了法治原则，"法律是公共意志的体现"，没有比法律更高的权力，"在法律面前，所有公民都是平等的"，法律保护公民的言论、出版、信仰等自由。宣言最后强调"财产是神圣不可侵犯的权利"。《人权宣言》所宣布的人

▲ 《人权宣言》宣传画

"自由、平等、博爱"是三位一体的资产阶级口号，最初是从《人权宣言》来的。它的全称叫《人权和公民权宣言》，起草人是拉法耶特。《人权宣言》以法律的形式，宣布了自由、财产和安全是天赋人权，是人的神圣不可侵犯的权利；它也宣布了"主权在民"的原则和资产阶级的民主权利等一系列资产阶级原则。

权、法治、保护私有财产等原则，都是资本主义社会最基本的原则。这是一个带有纲领性的文件，是制宪议会的第二个重大贡献。

制宪议会又制定了许多反封建立法，对旧制度进行了全面改造。这些立法大体上有几种类型：首先，是改组旧政权，这方面的立法基本上都是在制定宪法过程中通过的，后来就成为宪法的组成部分；其次，是消灭等级制度和改造原特权等级；最后，议会下令废除了各种阻碍资本主义发展的制度和规定。

制宪议会还开始了宪法的制定活动。到 1791 年 9 月 3 日，议会完成了制宪任务。逃跑未遂、惊魂乍定的路易十六于 9 月 17 日签字批准了宪法。这就是《1791 年宪法》。宪法规定："没有比法律权力更高的权力，国王只能依据法律治理国家，并且只有依据法律才得以要求服从。"

因路易十六被迫接受宪法，所以路易十六夫妇秘密和外国宫廷通信，呼吁对法国革命进行武装干涉。1792 年普奥联军直逼巴黎，法国各地群众热烈响应制宪议会的号召，许多支革命军开赴巴黎。1792 年 9 月 20 日，法国革命军在凡尔登附近的瓦尔密大败普军，普军望风而逃，巴黎的危险解除了。这一战役大大增强了法国人民的胜利信心。

在捷报声中，新选出来的国民公会于 1792 年 9 月 21 日开幕。这个普选产生的议会机构明显地存在着三股力量。处在领导地位的吉伦特派为右翼属温和派；人数最多的是中间派，被称为"沼泽派"或"平原派"；山岳派（与巴黎的雅各宾派关系密切）构成左翼力量，代表人物除罗伯斯庇尔、丹东、马拉之外，还有卡米尔·德穆兰、科洛·德布瓦、比约·瓦雷纳等。吉伦特派的佩迪翁在第一天当选为主席，秘书处也由吉伦特派掌握。但是，各派力量在开幕这一天还是通过了一致的决议，即宣布废除君主制，于 1792 年 9 月 22 日宣布法国为共和国。这就是历史上的法兰西第一共和国。

1793 年 1 月 15 日和 16 日，国民公会就如何判决路易十六的问题进行了表决。在众多群众旁听并大声呼喊的环境下，多数代表表示应判路易十六死刑。1 月 21 日，路易十六被送上了断头台。

1793 年 3 月开始的革命危机迫使雅各宾派领导人改变了态度。3 月 10 日，地处西部的旺代郡发生了规模很大的反革命武装叛乱。在国外，以英国为首的几个国家组成了反法同盟，从四面八方攻进法国。随着法国国内外王朝复辟势力的抬头，雅各宾派领导人民展开了反对国内外反动势力的斗争。1793 年 5 月底，以罗伯斯庇尔为首的雅各宾派组成了巴黎各区联合起义指挥部，任命雅各宾派左翼分子昂里奥为国民自卫军司令。

雅各宾派执政后，开始推行恐怖统治。当权的罗伯斯庇尔派中的埃贝尔、丹东及其主要伙伴先

▲ 罗伯斯庇尔

后被送上断头台。此后，罗伯斯庇尔派陷于孤立。反罗伯斯庇尔的各派力量联合在一起，于 1794 年 7 月 27 日（法国新历，共和二年热月九日）发动"热月政变"，罗伯斯庇尔及其集团的主要成员如圣茹斯特、库东等被捕，并被送上了断头台，雅各宾派专政被推翻，建立了以热月党人为代表的政权。"热月政变"是法国资产阶级革命的转折点，从此法国革命进入了一个新的历史时期。

法国大革命是一场大规模的、具有资产阶级自由民主的思想革命，它不但结束了法国的君主统治，而且动摇了整个欧洲的封建统治基础，影响了全世界的资产阶级革命。

在法国大革命的背景下拿破仑·波拿巴发动了"雾月政变"，掌握了政权，使法国成为高度中央集权制的国家，开始了他的独裁统治。拿破仑在发展经济的同时，还颁布了《拿破仑法典》（又称《法国民法典》）。这部法典为后来许多国家在制定民法时提供了重要参考。

面对国内外的军事势力，拿破仑多次打败了反法同盟。1800 年，拿破仑先后在马伦哥战役和霍恩林登战役中击败奥军，并于 1801 年迫使奥地利与法国签订《吕内维尔条约》，占领了比利时和意大利部分地区。1802 年法国与英国进行和平谈判，并签订了《亚眠条约》，条约规定：英国将近年来夺得的一部分殖民地交给法国及法国的盟国

▲ 跨越阿尔卑斯山圣伯纳隘口的拿破仑

西班牙和荷兰。

1804 年，经公民投票，法国改称为帝国，史称"法兰西第一帝国"，拿破仑加冕称帝，故又称"拿破仑帝国"。拿破仑的对外扩张和称霸欧洲的思想，引起了欧洲各国的恐慌，并一次次发动反法战争，都一一被拿破仑击败。此时的拿破仑在欧洲所向披靡，横扫整个欧洲大陆。直到 1812 年拿破仑发动对俄国的战争，法国军队不断遭到俄国军民的奋力抵抗，再加上拿破仑大军饥寒交迫，入侵俄国的战争失败，这成了拿破仑帝国由盛而衰的转折点。

▲ 拿破仑一世加冕大典

1812 年，俄国趁法国军队退出俄国境内的时候，联合奥匈帝国和普鲁士军队对法军进行了猛烈的追击。1813 年，双方的军队在德国莱比锡相遇，经过激烈的角逐后，法国军队再次遭受重创。1814 年 3 月 31 日，俄国与其他国家结成反法同盟，并派反法联军对巴黎展开了强烈的攻势，法国军队抵挡不住，巴黎陷落在反法同盟手中，拿破仑失去了所有的支持，被迫退位，并被放逐到厄尔巴岛上。随后，波旁王朝复辟，掌管了法国的政权。

1815 年 3 月 12 日，拿破仑率领召集到的旧部，未动一兵一卒就将

▲ 滑铁卢战役

军队开进了巴黎城，波旁王朝的路易十八只好仓皇逃出了巴黎。3月19日，拿破仑在巴黎民众的欢呼声中重新登上了王位。

正在维也纳开会的反法同盟各国首脑，得到拿破仑重新即位的消息后惊恐万状。英、俄、奥、普、荷和比等国，再次结成反法同盟。1815年6月16日，拿破仑将反法联军的普鲁士统帅布吕歇尔打败，反法联军的领导者英国惠灵顿公爵得到消息后，迅速将军队带到了滑铁卢，双方展开混战。6月18日黄昏，前来支援的普鲁士军队彻底击碎了拿破仑的帝国梦。在腹背受敌的情况下，法国军队全线溃败，拿破仑乘马逃出战场，仓皇而去，拿破仑帝国灭亡。

第一次工业革命与
马克思主义的诞生

第一次工业革命

　　工业革命又叫产业革命，是资本主义生产从工场手工业阶段过渡到大机器工业阶段的重大飞跃，是世界近代史上继资产阶级政治革命之后又一次世界性的革命。

　　17 世纪末英国确立了君主立宪制。英国农业通过圈地运动完成了农业技术革新。英国农村的资本主义化，为农业技术的革新和机器的应用扫除了障碍。工业革命用先进的设备武装了农业，播种机、收割机、打

谷机应运而生。英国的农业革命为工业革命的开展提供了必需的粮食和原料，而且也为工业革命积累了雄厚的资本。

对殖民地的掠夺和血腥的奴隶贸易是英国资本原始积累的又一重要手段。18世纪末，英国每年从奴隶贸易中获得30万英镑的惊人利润。利物浦和普利茅斯的繁荣，在相当大的程度上就是建立在万恶的奴隶贸易之上的。

从17世纪末开始，英国建立了国债制度，这也是资本积累的途径之一。过去是以国王名义借债，以补财政之不足。1694年，英格兰银行的成立，标志着由国王债务制度过渡到了国债制度。金融资产阶级所得的高额利息，来自广大纳税人的腰包，政府起杠杆作用。

英国的工业革命首先是从棉纺织业开始的。棉纺织业是新兴的工业部门，较少受传统产业的约束，易于采用新的生产技术。1733年，兰开夏的机械师凯伊发明了飞梭，使织布效率提高1倍。结果棉纱供不应求，造成了长期的"纱荒"。1765年，织工哈格里夫斯发明的手摇纺纱机——珍妮机提高工效15倍。珍妮纺纱机的发明，是由手工工具发展为机器的开端。1768年，阿克莱特剽窃木匠海斯的成果，制成了水力纺纱机，用自然力代替人力作动力是一重大的进步。1771年，阿克莱特在德比附近的克隆福德建立了英国第一座棉纱工厂。从此，英国的纺织工业开始进入了近代机器大工厂时期。随着棉纺织工业的机械化，与纺织有关的其他行业如净棉、梳棉、漂白、印染等也渐次采用了机器。

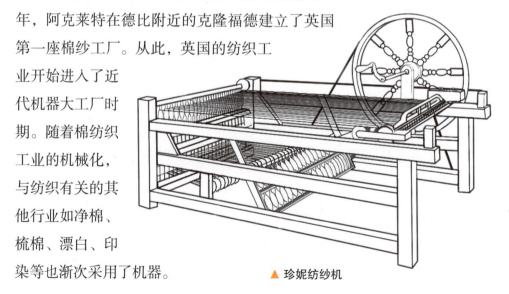

▲ 珍妮纺纱机

大量纺织机器的出现，使动力不足的矛盾突出了。以水力作动力受到地点和季节的限制，因此迫切需要一种方便、实用、大功率的发动机，于是瓦特的蒸汽机应运而生。瓦特综合前人的成果，于1782年制成了可以作为机器动力的联动式蒸汽机。蒸汽机的发明，大大加速了工业革命的进程，是物质生产开始进入机械化时代的标志。到19世纪初，英国整个轻工业部门已在相当大程度上实现了机械化。

▲ 蒸汽机车

机器的大量制造，增加了对金属原料的需求，推动了冶金和采煤工业的发展。1735年，达比父子采用焦煤熔铁，提高了生铁铸品的产量；1760年，加设鼓风设备，高熔点去掉了铁矿中的硫黄和其他杂质，焦煤炼铁获得了成功。近代大规模的冶铁业从此诞生。1784年，科尔特发明精锻法，用焦炭炼出了熟铁和钢。煤和钢铁的产量迅速提高，为工业革命继续发展提供了重要条件。

工业产量的提高促进了商业的发展，促使交通工具也要有大的改进。1814年，乔治·斯蒂芬森发明了蒸汽机车。经过改进，他于1829年设计出"火箭号"机车，时速为24公里，1830年为利物浦、曼彻斯特公司所采用。19世纪40年代以后，英国开始了大规模铁路建设。今天英国在使用的铁路网在19世纪70年代就已基本建成。

▲ "火箭号"机车

　　大规模的铁路铺设和远洋轮船的制造，都需要对坚硬的钢材进行裁截和造型，火车、轮船上的多种金属配件，在精度和质量上要求也很高，加上各个工业部门对机器的需求不断增长，制造工具机（又称工作母机）和重型机器就提上了日程。发展机器制造业已势在必行。19世纪的最初10年，用机器制造工具机的现象逐渐增多，30年代至40年代，作为一个新的工业部门——机器制造业诞生了。用机器制造机器，是英国工业革命完成的标志。英国工业革命历经80年，使英国很快取得在国际上的工业垄断地位，并以出口机器和多种产品而成为"世界工厂"；英国工业革命极大地提高了社会生产力水平，使英国成为世界上第一个工业国家。工业革命比政治革命更加深刻地改造了英国。

　　18世纪后期，法国、德国、美国等西方国家开始陆陆续续学习英国的先进技术和生产经验，完成了工业革命。

　　18世纪晚期，法国开始从英国引进蒸汽机、纺纱机，出现了极个别的使用机器的工厂。在纺织业中，以水力装置带动工作机的企业，明显多于使用蒸汽机的企业。1848年开始的政治动荡又使工业革命的进程中断。到法兰西第二帝国时代，法国的经济才真正进入大踏步前进的阶

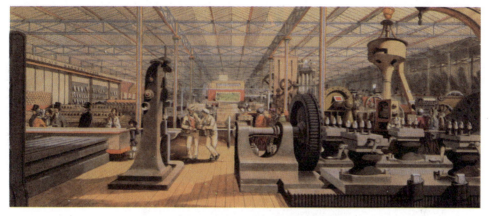

▲ 1851年世界博览会上展出的英国机器

段。国家政治局势的安定为工业发展提供了有利的环境。拿破仑三世政府的经济政策也顺应了工业资本主义发展的潮流。在政策适当的环境下，工业资本主义的发展十分迅猛，增长率超过了 19 世纪的平均发展速度。法兰西第二帝国晚期，重工业、机器制造业的迅速发展和工业装备农业的状况表明，法国的工业革命已经完成。

从整体来看，法国的工业发展水平还是不高的，远远落后于英国，特别是法国的小生产仍占绝对优势。从生产力总量来说，法国当时仍是仅次于英国的世界第二工业大国。

19 世纪 30 年代，当英国工业革命即将完成的时候，四分五裂的德意志开始走上了工业革命的道路。19 世纪中期以后，德国工业才迅速发展起来。

19 世纪 50 年代，德国普鲁士政府陆续不断地进行农业方面的改革，容克（Junker 的音译，是指以普鲁士为代表的德意志东部地区的贵族地主）经济完全走上了资本主义道路，农业机械化水平大为提高。这一改革也影响到其他一些邻国。1850 年至 1870 年间，德国农业净产值从 50 亿马克增长至 67 亿马克。农业的发展，在原料、市场、劳动力等方面配合了正在进行的工业革命。在 19 世纪 50 年代至 60 年代高涨的德国工业中，重工业的发展最为突出，这就为德国较快地发展成资本主义

工业强国奠定了基础。

1889年德国的工业总产值超过农业，德国成为工业国家。德国工业革命起步较晚，但发展迅速。而且，它的第一次工业革命的完成和第二次工业革命的开始是交错在一起的。

美国独立后很快就开始了大规模的领土扩张。到19世纪中叶，美国已拥有东起大西洋，西濒太平洋，北接加拿大，南连墨西哥的大片领土。在半个多世纪里，美国领土增加了7.5倍。领土的扩张为美国的工业化提供了优越的地理条件和丰富的自然资源，也为美国农业的发展提供了广阔、肥沃的土地。

为了开发浩瀚无垠的美国西部土地，美国东部成千上万的人向伊利诺伊、印第安纳、威斯康星等密西西比河以东地区推进。1848年在亚美利加河畔发现了黄金之后，全国沸腾，出现了"淘金热"，滚滚的人流

▲ 塞拉斯的矿工

通过水路和陆路奔赴加利福尼亚。这就是美国历史上的"西进运动"。西进运动对美国经济的发展和国力的增强有着十分重大的意义。西部肥沃的土地为美国农业的发展提供了广阔的天地，使美国一跃成为最大的农产品出口国之一。

美国农业生产总值的不断提高，为迅速发展中的美国工业提供了充足的粮食和原料。西部重要矿藏的开采，伊利诺伊和威斯康星的铅，匹兹堡的铁，苏必利尔湖区的铜，加利福尼亚的金矿等，保证了工业革命所需的原料。西部还形成了东北部工业品的广阔的国内市场。美国高度发达的农业成了工业革命的坚实基础。

美国的工业革命首先开始于纺织工业。1790年，塞缪尔·斯莱特仿造英国人的设计，制成了珍妮型新式纺纱机，揭开了美国工业革命的序幕。继棉织业之后，到19世纪30年代中期，服装业、制革业、玻璃业、羊毛织业等轻工业部门也先后实现了机械化。南北战争后，美国的工业革命进入决定性阶段，技术革命扩展至重工业部门。美国工业的发展速度远远超过英、法等老牌资本主义国家，至19世纪80年代初，已跃居世界第一位。美国的工业化基本完成，工业总产值超过农业的两倍。

 历史的沉思

西进运动给美国西部的原住民印第安人带来了巨大的灾难。印第安人遭到移民当局残酷的屠杀，这使印度安人人口数量锐减。美国人的西部开发，印第安人沉痛地称之为"眼泪之路"。随着西进运动高潮的到来，西部这片肥沃而又广袤的土地，对欧洲人乃至亚洲人等产生了巨大的吸引力。1864年，美国成立了移民局，通过了鼓励移民法案，准许雇用外国工人，并向移民预支工资作为路费。经过半个世纪的发展，到1914年，美国的移民竟达2700万人。美国的西进运动也促使美国成为世界上最有特色的移民国家。

欧洲三大工人运动

随着资本主义的发展，工业革命引起了社会阶级结构发生变化，现代工厂制度的确立，促使了工业资产阶级和工业无产阶级的诞生。资产阶级主要剥削工人阶级的绝对剩余价值，即依靠残暴的手段压缩必要劳动时间，延长剩余劳动时间。这就必然会造成工人阶级生活贫困、受奴役。如此，资产阶级越来越富有，工人阶级却越来越贫穷，贫富差距越来越大，社会矛盾也日益严重。因此，无产阶级开始了反对资产阶级的斗争，工人运动开始在欧洲蓬勃兴起，最著名的工人运动有法国里昂工人起义、英国宪章运动和德国西里西亚纺织工人起义。

◎ 法国里昂工人起义

1815 年 7 月，路易十八在反法联军的护送下重返巴黎，波旁王朝第二次复辟。复辟王朝的经济政策表明它是旧贵族与大资产阶级妥协的产物，因而引起社会各阶层的普遍不满，工人的罢工相当频繁。1819 年，巴黎塞文织布厂采用梳棉机引起了罢工；1821 年、1825 年、1827 年和 1828 年，法国的白铁业、丝织业、烟草业和印刷业先后发生了工人罢工。

在里昂，有 3 万多纺织工人由于长期每天劳动 15 至 18 个小时，饱受工厂主、包买商等的残酷剥削和压迫，食不果腹，常年挣扎在死亡线上。1831 年 10 月，在六千多名工人的强烈抗议下，厂商同意提高工资，但事后反悔，激起工人的愤怒。1831 年 11 月 21 日，里昂工人大罢工，举行示威游行，高呼"不能劳动而生，就要战斗而死"的口号，提出"里昂应当有我们自己选出的代表"的政治要求，却惨遭军警袭击，工人奋力反抗，于是在里昂爆发了法国历史上第一次工人武装起义。经过浴血战斗，起义工人占领了市政厅，逮捕了省长，一时成了里昂的主人。但是，由于起义者没有无产阶级政党的领导和革命理论的指导，未能巩固胜利，最终被反动政府镇压下去了。

为了反对政府颁布的禁止工人集会结社的反动法令和营救被捕的工人领袖，1834 年 4 月，里昂工人再次发动了武装起义。同时，巴黎、

▲ 欧仁·德拉克罗瓦的油画《自由引导人民》

马赛等城市的工人纷纷举行罢工和示威游行，声援里昂工人的起义斗争。在这次起义中，工人修筑了街垒，同敌人展开了长达 6 天的巷战，并提出了"推翻富人统治，争取民主共和国"的口号，主要针对七月王朝的反动统治，带有明显的政治色彩。

虽然两次里昂工人起义都失败了，但是这表明工人阶级已经觉醒，无产阶级和资产阶级的斗争已经成为社会的主要矛盾。这两次起义推动了法国工人运动的发展，为无产阶级的独立运动树立了光辉的榜样，标志着法国无产阶级作为独立的政治力量登上历史舞台。

◎ 英国宪章运动

英国工业革命后，无产阶级反对资产阶级的斗争，最初表现为工人捣毁机器。据说英国工人卢德是最早以捣毁机器作为手段反对工厂主压

迫的人，因而破坏机器的运动就被称为"卢德运动"。严格说来，捣毁机器的斗争并不属于工业无产阶级运动的范畴。从19世纪开始，工人运动有了新的发展。他们试着组织工会，举行罢工，为改善生活状况和维护自身权益而斗争。罢工运动锻炼了工人，并导致他们与资产阶级国家政权直接发生冲突，使大批工人逐渐形成了阶级意识并出现工会组织，工会领导了1825年开始的罢工斗争。到了19世纪30至40年代，工人阶级开始用武装斗争反抗资本家的剥削，并爆发了声势浩大的宪章运动。

英国宪章运动从1836年持续到了1848年。在这次运动中，工人阶级的政治觉悟有了明显的提高。工人阶级虽然与资产阶级一时结成联盟，共同统治英国，但事实表明，无产阶级与资产阶级的利益是根本对立的。1836年7月，以木匠威廉·洛维特为首创立了伦敦工人协会，该协会拟定了为工人争取普选权的文件《人民宪章》，并以法案的形式公布，得到了全国工人阶级的坚决拥护。1840年7月，英国各地宪章派的代表在曼彻斯特召开了大会，宣告成立全国宪章派协会。

在宪章运动中，工人和其他劳动群众成了主要力量。1847年的经济危机和1848年欧洲各国的革命运动，特别是法国二月革命的胜利，给宪

▲ 1842年人们向国会送《人民宪章》的请愿书

章运动注入了新的动力。1848 年初，全国宪章派协会恢复活动，筹备第三次请愿，工人群众还提出了建立共和国的要求。但在 1848 年 4 月 10 日清晨，当成千上万的工人向国会进发时，由于宪章派的右翼领导人屈服于政府的武力威胁，力劝工人解散回家，请愿书只由几个领导人送交国会，致使运动失败。随后，政府下令解散宪章派协会，并大肆逮捕宪章派积极分子。

宪章运动虽然失败了，但它的历史意义是重大而深远的。它已经不是个别工厂、个别地区的工人反对资产阶级的斗争，而是全英国的工人阶级共同进行的一场大规模的政治斗争。在斗争中，工人们建立了自己的组织，提出了本阶级的政治要求，把矛头指向了资产阶级的政治统治。宪章运动是英国无产阶级的第一次全国规模的、群众性的政治斗争，标志着英国无产阶级登上了政治舞台。

◎ 德国西里西亚纺织工人起义

随着德国资本主义的发展，工人阶级受剥削的程度日益严重，无产阶级与资产阶级的矛盾也越来越尖锐。到了 19 世纪 40 年代，在德国纺织工业中心之一的西里西亚爆发了纺织工人起义。

为了表示对工厂主和包买商的愤怒，控诉他们的罪行，挣扎在死亡线上的工人们还编了一首名为《血腥的屠杀》的歌谣。1844 年 6 月 4 日，当工人们唱着这首歌经过最残忍的企业主茨支兹格尔的住宅，竟遭到毒打和逮捕。工人们愤怒地捣毁并焚烧了茨支兹格尔的住宅。继而，他们捣毁厂房、机器，焚毁票据、账册。起义群众与前来镇压的普鲁士军警展开了激战，起义被镇压，最终起义失败。

为对抗资本主义的剥削，德国西里西亚纺织工人起义，这次起义证明了德国工人已经开始觉醒，是德国工人前所未有的英勇斗争。

虽然欧洲的三大工人运动最终失败，但工人阶级开始提出了独立的政治要求，并为此而展开了一系列的政治斗争。它标志着在资产阶级和

封建主阶级争夺政权的斗争尚未结束之时，工人阶级已经作为一支独立的政治力量登上了历史舞台，成为推动历史前进的巨大动力。其失败的根本原因是缺乏正确的革命理论和思想指导，缺乏科学依据。

▲ 西里西亚纺织工人起义

创立科学共产主义理论并把它与工人运动相结合，就成了工人阶级反对资产阶级革命斗争的迫切需要。

共产主义学说

工业革命给西方国家以及全世界带来巨大的变化。西方各国通过工业革命带来了经济、科技、农业、交通等各方面的快速发展，资本主义社会财富不断积累，综合国力不断增强。与此同时，也产生了新的社会矛盾——无产阶级与资产阶级之间的矛盾。在这样的背景之下，产生了新的理论——共产主义学说。

1818年5月5日，一位伟大的历史人物卡尔·马克思在普鲁士莱茵省的历史名城特里尔出生。青年时期，他先后在波恩大学和柏林大学学习，后在耶拿大学取得博士学位。毕业后，马克思在《莱茵报》做主编，从事新闻工作。后因马克思在《莱茵报》发表了一篇批判沙皇尼古拉一世的文章，他不得不与妻子燕妮在1843年迁居巴黎，《莱茵报》也因此遭到普鲁士国王的查禁。在巴黎他创办了《德法年鉴》，并发表一系列思想进步的文章，这标志着他的世界观转变完成。1844 年，他与一生的革命战友恩格斯在巴黎相遇，结下了深厚的友谊。但在巴黎没多久，他又因从事革命活动，被驱逐到布鲁塞尔。1847 年，他和恩格斯应邀参加正义者同盟，随后将该同盟改组并更名为共产主义者同盟，一同起草了影响广泛的《共产党宣言》。1848年，他回德国创办《新莱茵报》参加斗争，再次遭驱逐，他辗转巴黎并定居伦敦。

▲ 马克思

1864 年，他创建国际工人协会，即第一国际。1867 年，《资本论》第一卷出版。晚年，他继续撰写《资本论》。1883 年 3 月 14 日，马克思与世长辞。

　　与马克思并肩作战的战友恩格斯，于 1820 年 11 月 28 日出生在普鲁士莱茵省巴门市的一个工厂主家庭。由于家庭的原因，他中学没毕业就被迫经商，后来去了父亲在英国的棉纺厂工作。在此期间，他刻苦钻研，边研究理论著作，边参加工人运动，并于 1844 年发表了一篇标志着他成为唯物主义者和共产主义者的文章《政治经济学批判大纲》。1844年 8 月，他与马克思相识，并成为终生挚友；1847 年，同马克思将正义者同盟改组并更名为共产主义者同盟，撰写了《共产党宣言》；1848年，他与马克思回国参加革命，创办《新莱茵报》。为了能够使马克思安心完成《资本论》，1850 年至 1870 年，他重新经商，资助马克思；同时，他专心从事理论研究，并取得重大建树。马克思逝世后，他花了12 年的时间，呕心沥血，终于整理并出版了马克思生前未完成的著作《资本论》第二卷、第三卷，同时还时刻关心着国际社会主义运动。1895 年 8 月 5 日，恩格斯病逝于伦敦。

　　马克思和恩格斯的共同作品《共产党宣言》于 1848 年 2 月在伦敦出版。《共产党宣言》体现了马克思主义形成时期在理论上取得的最高成就，完整地概括了无产阶级世界观，并把马克思主义哲学、政治经济学和科学社会主义的原理融为一体。《共产党宣言》为工人阶级革命指明了道路，是无产阶级科学理论的指导和思想武器。它号召工人阶级建立自己的政党——共产党，为推翻资产阶级的统治，必须通过长期艰苦努力，进行无产阶级革命。

　　《共产党宣言》的发表标志着马克思主义的诞生，是人类历史上的一次伟大革命，是一部具有划时代意义的历史文献，是一部完整概括无产阶级思想的著作。它让无产阶级找到了革命方向，使无产阶级面貌焕然一新。《共产党宣言》开辟了一个新时代。

　　马克思主义哲学、政治经济学和科学社会主义是马克思、恩格斯创立的马克思主义的三个重要部分。马克思和恩格斯在批判地继承黑格尔唯心论辩证法的"合理内核"和费尔巴哈唯物论的"基本内核"的基础上，创立了辩证唯物主义，将这一学说用来诠释社会现象，并应用于人类历史的研究，创立了历史唯物主义，从而在哲学上完成了一次伟大的变革。

　　马克思、恩格斯在吸收前人思想的同时，将辩证法建立在唯物主义的基础之上，创立了新的哲学即辩证唯物主义。辩证唯物主义为社会生活各方面的研究奠定了坚实的科学基础，使得关于社会、社会规律的学说，变成了同其他科学一样能够提供精确的知识和能够预见的科学。

　　马克思主义哲学为马克思主义政治经济学的创立提供了科学的方法论和理论基础。马克思、恩格斯把辩证唯物主义和历史唯物主义运用到政治经济学的研究中去，创立了无产阶级政治经济学，从而也在政治经济学领域完成了一次伟大的革命。

　　马克思的剩余价值理论，揭示了资本主义生产方式的基本矛盾和资本主义必然灭亡的规律，创建了无产阶级政治经济学体系，为无产阶级

▲ 马克思与恩格斯在《新莱茵报》一起工作的情景

认识自己在资本主义制度下的真正地位、奋起谋求自身的解放斗争提供了锐利的武器。马克思、恩格斯所创立的科学社会主义学说是以历史唯物论和剩余价值学说这两个理论为前提，批判了空想社会主义的空想成分，继承和吸取了其中的有益成分。

通过革命实践，以及在继承前人优秀思想并加以改造的基础之上，马克思和恩格斯创立了马克思主义，完成了历史赋予他们的伟大使命。

巴黎公社

位于法国巴黎市东区的拉雪兹神父公墓地区，耸立着一堵墙。1871年5月28日，公社战士在墓地上同梯也尔政府军进行殊死搏斗之后，最

后在这堵墙垣下，迎着敌人的子弹，一个个刚毅不屈、视死如归，全部壮烈牺牲。这座墙就是震惊世界的公社社员墙。这是一座用公社烈士的血肉砌成的人类历史上第一个无产阶级政权——巴黎公社的纪念碑。每年 3 月 18 日至 5 月 28 日，世界各地人民纷纷以各种形式来纪念巴黎公社。

▲ 巴黎公社社员在拉雪兹公墓围墙下英勇就义

在 1870 年的普法战争中，法国工人阶级坚定地担当起抗击德国侵略者，挽救民族危亡的任务。巴黎工人阶级在 20 个区选出了区警备委员会，并由每个区选出四名代表组成 20 区中央委员会。这是工人群众自己组织起来的政治组织，以监督政府抗战。当普鲁士军队逼近并包围巴黎时，巴黎人民要求武装起来，打退外来侵略者，保卫法兰西。

在不到一个月的时间里，工人们组成了 194 个营的国民自卫军，共 30 万人。1871 年 2 月中旬，工人武装又选出了自己的领导机关——国民自卫军中央委员会。国民自卫军中央委员会的成立是一项具有决定意义的组织措施，2 月 24 日该委员会通过了国民自卫军联合会的章程，明确宣布国民自卫军今后应代替所有的常备军。3 月 15 日，国民自卫军中央委员会正式成立，瓦尔兰、阿西等第一国际的委员也当选为中央委员会委员。国民自卫军中央委员会实际上成为巴黎革命的政治领导者。3 月 18 日，巴黎工人在中央委员会的领导下，将可能落入敌人手中的大炮运集到工人住宅区。这些大炮是工人自己出钱铸造的，为政府军队所散弃。蒙马特高地是他们的主要停炮场，那里停放着 171 门大炮。

与巴黎工人阶级英勇抗敌形成鲜明对照，由法国资产阶级共和派和奥尔良派分子组成的"国防政府"却加紧了它的投降叛国活动。法国资产阶级害怕日益觉悟的工人阶级甚于害怕普鲁士侵略者。巴黎公社革命前，在不到半年的时间里，巴黎人民就举行过两次武装起义。这两次起义虽然都失败了，但它是无产阶级革命武装与资产阶级反革命武装间的公开对抗，是无产阶级变对外战争为国内革命战争的初次尝试。

1871 年 1 月 28 日，"国防政府"向德军公开投降，签订停战协定。正规军被解除了武装，但国民自卫军牢牢地把持着自己的枪械和大炮。接着，资产阶级的反动政客，工人阶级和社会主义的死敌梯也尔，被捧上了政府首脑的职位。这是一个背信弃义、卖身变节的老手，私人生活和社会生涯同样卑鄙龌龊。梯也尔上台后加快了投降卖国的步伐，很快同德国订立了屈辱的和约草案（割让阿尔萨斯全省、洛林省一部分，赔款 50 亿法郎），以便腾出手来对付他所面临的革命风暴。

武装的巴黎工人是梯也尔政府实现其投降卖国和反革命阴谋的唯一严重障碍。因此，梯也尔上台后的第一件事，就是千方百计阴谋解除工人武装。可是，梯也尔清楚知道，单凭他手下不到 3 万人的反动军警，要去解除 30 万人的工人武装并不容易，因而他们采取了偷袭的手段，而且把从工人手中夺取大炮作为实现其反革命阴谋的第一步。

1871 年 3 月 18 日凌晨 3 时，梯也尔的反动军队鬼鬼祟祟地向巴黎工人居住区出动。巴黎卫戍司令维努亚亲自率领一大队市警和几个常备军团，向国民自卫军的战略要地蒙马特高地进发。反动军官勒康特一连

四次下令士兵开枪，觉悟过来的士兵非但不执行命令，而且把他逮捕起来。最后，勒康特和另一名血债累累的反动军官托马被自己的士兵枪决。敌军瓦解了，大炮被放回原来的位置，梯也尔的阴谋破产了。

既然梯也尔用偷袭蒙马特高地发动了内战，巴黎工人阶级便决定以武装起义来回击。一场无产阶级和资产阶级之间的生死搏斗开始了。3月18日上午11点钟，根据国民自卫军中央委员会的命令，瓦尔兰率领国民自卫军开入蒙马特高地。在许多区，国民自卫军的营队迅速占领了区公所、兵营和政府机关，并着手筑街垒。

3月18日晚上8点钟，国民自卫军占领了市政厅。一面鲜艳的红旗从市政厅的屋顶上冉冉升起。顿时，起义工人和人民群众的欢呼声响彻云天，震撼整个巴黎城。巴黎工人的武装起义胜利了。临时革命政府——国民自卫军中央委员会宣布，即将通过选举成立公社，在选出公社后，把政权移交给它。

3月26日，巴黎公社举行了选举。巴黎劳动人民第一次行使自己的神圣权利，选举产生一个真正代表人民利益的无产阶级政权。

3月28日，巴黎公社隆重举行了成立大会。市政厅大楼前面搭起了一个很大的主席台，几十万巴黎人民从四面八方聚集到广场上，欢呼这次革命的伟大胜利。人类历史上第一个无产阶级的政权诞生了！

为了镇压革命力量，15万普军和梯也尔政府军开始伺机反扑，形势对巴黎公社越来越不利。4月2日，由于公社疏于防范，公社领导的军队在与梯也尔政府军的战斗中失败。5月初，梯也尔政府军发起了对公社的总攻。虽然公社加强了军事防御，但失败已成定局。终于在5月28日，公社战士坚守的最后一个街垒被攻克。巴黎人民的武装起义被梯也尔政府军血腥镇压下去了。

巴黎公社虽然失败，但它是无产阶级民主专政的第一次尝试，是历史上第一个无产阶级的国家政权，为后来的无产阶级革命提供了极其宝贵的历史经验和教训，有着不可磨灭的、伟大的历史功绩。

被侵略地区人民的反抗与资本主义制度的扩张

拉丁美洲的独立运动

　　自从 16 世纪初开始，西班牙和葡萄牙在拉丁美洲（美国以南的美洲地区）这片土地上已有二三百年的统治。受美国独立战争和法国大革命的影响，到了 18 世纪末 19 世纪初，在拉丁美洲掀起了轰轰烈烈的反抗殖民统治、争取民族独立的运动。

　　1791 年 8 月，在加勒比海地区的海地爆发了独立运动。受法国启蒙思想影响的杜桑·卢维杜尔领导海地起义军，经过 12 年的艰苦斗争，打

败了法国、西班牙和英国的侵略军，赢得了民族解放和独立，揭开了拉丁美洲独立运动的序幕。

19世纪初，古巴人民在海地独立和拉美其他地区独立斗争的影响下，开展了推翻西班牙殖民统治、争取独立的斗争。1811年年初，自由黑人何塞·安东尼奥·阿庞特以哈瓦那为中心，在全岛组织武装起义。他宣布解放奴隶，废除奴隶制，结束奴隶主的反动统治。1812年年初，起义惨遭殖民当局镇压，阿庞特被捕罹难。1821年，革命组织"玻利瓦尔的追随者们"成立，提出"不独立毋宁死"的战斗口号，主张解放黑奴，成立共和国，计划1823年8月起义；但秘密被泄露，领导成员被捕。1825年至1843年，马坦萨斯省黑奴几度起义，反抗殖民统治，要求获得解放，废除奴隶制，但起义均告失败。殖民当局指控马坦萨斯的黑人起义是个长期的阴谋，进行了大搜捕，数月内逮捕了4000余人。这对独立运动是个沉重打击。

1810年在墨西哥北部偏远的多洛雷斯村，教士伊达尔戈领导几千名印第安人，喊着"独立万岁""美洲万岁""打倒坏政府"等口号，举行起义。北起墨西哥，南到阿根廷等地的人民掀起了独立战争的高潮，"多洛雷斯的呼声"传遍了整个拉丁美洲。

1811年4月，委内瑞拉宣告独立，成立第一共和国，但在7月被西班牙军队击败。玻利瓦尔领导起义军在新格拉纳达继续战斗。1813年10月，当起义军再次赶走殖民势力、攻进委内瑞拉时，成立了第二共和国。可是由于起义军势力较弱，第二共和国于1814年7月惨遭扼杀，起义失败。

▲ 玻利瓦尔

历史的碎片

　　西蒙·玻利瓦尔既是一位思想家又是一位军事家，这是极为罕见的。他的杰出不仅表现在为西班牙属美洲殖民地获得独立而做出的贡献上，还表现在为讲西班牙语的独立地区的合作事业而付出的努力上，即联合委内瑞拉等国家，创建了大哥伦比亚共和国。但是，1830 年委内瑞拉与厄瓜多尔先后脱离了大哥伦比亚共和国，他的联合之梦遭到了破坏。

　　拉美人民的不断反抗，引起了西班牙当局的恐慌。国王斐迪南七世不断派兵镇压起义，起义军遭到残酷镇压。玻利瓦尔重新组织革命力量再次打进委内瑞拉，并于 1818 年 10 月成立第三共和国。1819 年 2 月，玻利瓦尔被选为委内瑞拉第三共和国的总统。

　　1819 年 12 月，在玻利瓦尔领导起义军不断取得胜利的情况下，根据玻利瓦尔的建议，解散委内瑞拉第三共和国，宣布成立大哥伦比亚共和国。起义军不断遭到西班牙军队的反扑。1821 年，起义军和西班牙殖民军在卡拉沃沃平原展开了激战，殖民军遭到重创，起义军迅速占领委内瑞拉首府加拉加斯。1822 年 5 月，起义军解放了基多城；6 月，整个新格拉纳达地区全部解放。

　　受北部起义军鼓舞，南部起义军在何塞·德·圣马丁的指挥下攻进智利首都圣地亚哥，赶跑殖民军，智利独立。1820 年 8 月，圣马丁经海上进军秘鲁，顺利攻占秘鲁总督区首府利马，秘鲁获得独立，圣马丁被共和国推举为"护国公"。

　　1820 年，起义军联合了伊图尔维德的军事势力，于 1821 年攻下墨西哥城，墨西哥宣告独立。

　　玻利瓦尔于 1823 年 9 月进入尚未完全解放的秘鲁。1824 年 8 月，

在胡宁平原痛击殖民军。1824年12月，他的部将苏克雷带领5000多人的联军与9000多人的西班牙殖民军在阿亚库乔展开激战。西班牙殖民军被打败。1825年，秘鲁全境解放。1826年1月，起义军趁势攻克殖民地最后一个据点卡亚俄，拉美地区基本解放。

▲ 大哥伦比亚–秘鲁联军与西班牙殖民军主力部队在阿亚库乔平原上进行决战

 历史的沉思

　　拉美独立运动结束了西班牙在拉美300多年的殖民统治。拉美各国获得独立，确立共和制，使奴隶制和封建专制受到严重打击。这场独立运动是世界历史上一次影响深远、意义重要的民族解放战争。

鸦片战争

当英、美、法、日等列强如火如荼地进行工业革命时，清政府正闭关锁国，自以为"天朝上国"，不思进取，使中国在世界上落伍了。英国通过鸦片贸易从中国攫取了大量白银，同时使中国军民身衰体弱，中国的有识之士纷纷要求改革弊政，严禁鸦片。

1839年，湖广总督、钦差大臣林则徐奉命禁烟，于1月底到达广州，一方面整顿海防，一方面宣布收缴鸦片。3月，英国鸦片贩子被迫交出鸦片237万余斤。6月3日，林则徐下令把这些鸦片在虎门海滩当众销毁，以示中国政府禁止鸦片的决心。

▲ 虎门销烟池纪念碑

英国政府以此为借口向中国派兵。1840年1月，英国政府任命懿律和义律为正副全权代表，懿律为侵华英军总司令，出兵中国。5月，英国舰船40余艘、士兵4000多名先后到达澳门附近海面，鸦片战争爆发。懿律率英军进犯广州海口，看到广州军民早已严密布防，遂转攻厦门，又被邓廷桢击退。6月，英军北上攻占定海作为军事据点。道光帝慑于英军武力，又为投降

派的劝说所动摇，遂改变态度，罢免了林则徐，改派直隶总督琦善为钦差大臣，去天津和英军谈判。而此时英军因夏秋换季，疾疫流行，遂放弃定海，于8月中旬南返，双方议定在广州谈判。琦善到广州后，一反林则徐所为，命令撤除海防水勇，镇压抗英群众，一心议和。1840年12月，琦善与义律在广州开始谈判。英军趁中方海防松懈无备之际，于1841年1月7日发动突袭，攻陷了虎门附近的沙角、大角两炮台，并单方面宣布签订《穿鼻草约》；1月26日，英军攻占了香港岛。

道光帝得知琦善开门揖盗，丢失两炮台后，下令锁拿琦善，并向英国宣战。派侍卫内大臣奕山为靖逆将军，调兵万余赴粤抗英。英军先发制人，出动海陆军攻虎门，广州提督关天培亲率清兵迎击，清军刀矛不敌英军坚枪利炮，关天培中弹牺牲。1841年2月26日，英军攻占虎门炮台，溯珠江直逼广州；4月，奕山率大军抵广州；5月24日，英军进攻广州，一路占领城西南的商馆，由城西北登陆，包抄城北高地，不久攻占城东北各炮台，并炮击广州城。奕山执行"防民甚于防寇"的方针，对英军的侵略消极抵抗，在英军迅猛攻势下，他与英人签订《广州和约》并征得道光帝批准，以缴600万银元换得英军撤出广州地区。

与清政府妥协投降态度相反，广州三元里人民在广州北郊牛栏岗附近同窜入这里的千余英军英勇作战，打死打伤英军数十人，并把四方炮台围得水泄不通，在广州知府的调停下，英军才得以解围。

英政府并不满意懿律和义律在中国获得的权益，改派璞鼎查（后来的首任港督）为全权代表来华，扩大侵略战争。1841年8月21日，璞鼎查率37艘舰船、陆军2500人离香港北上，攻破厦门，占据鼓浪屿；10月1日，再次攻陷定海，定海总兵葛云飞英勇殉国；10月10日，英军攻占镇海，钦差大臣、两江总督裕谦战死，英军旋占宁波城。道光帝闻讯大惊，忙派吏部尚书、大学士奕经调兵赴浙以收复失地。1842年3月，奕经在准备不充分的情况下全面反击，清军数战不利，撤回原地。

战败消息传到京师，朝野上下震动。道光帝无奈，只得派盛京将军耆英和伊里布赴浙向英军请和。璞鼎查不理会耆英的乞和，继续侵华。1842年5月18日，英军攻取浙江平湖乍浦镇；6月16日，攻打吴淞口，吴淞炮台守将陈化成壮烈牺牲，宝山、上海沦陷。英军溯长江而上，于1842年7月21日攻陷镇江；8月，英舰陆续到达南京下关江面。清政府已无心再战，遂接受英方停战的条件。1842年8月29日，在英军舰"汉华丽号"上，耆英、伊里布与璞鼎查签订了中国近代史上第一个不平等条约《南京条约》，鸦片战争以清政府的惨败而告终。

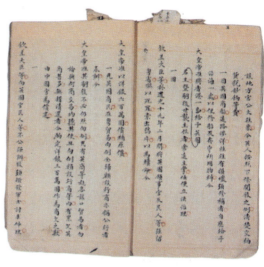

▲《南京条约》抄件

　　鸦片战争标志着中国开始沦为半殖民地半封建社会，是中国近代史的开端，也是中国历史的转折点。鸦片战争昭示了落后就要挨打的深刻道理。

 历史的沉思

　　自虎门销烟轰动国内外以后，林则徐组织当地军民一起抗击英军的挑衅，并取得了九龙之役、穿鼻之役的胜利。英国不断地对清政府施压，要求处分林则徐。此外，清政府内的投降派也不断对林则徐进行构陷和诬蔑，对他进行各种指责和打压。虽然林则徐多次向道光帝上书禁烟抗英的合理性和正义性，但在清政府内的投降派和英国的双重压力下，道光皇帝不得不对他降职调任，将他以四品官的身份贬到浙江镇海。后因清军与英军作战失败，一股祸水又泼在了林则徐的头上：清军之所以与英军作战失败，都是他所造成

的。于是，道光帝再次对林则徐降职调任，将他发配到新疆伊犁。

尽管林则徐屡屡遭到诬蔑和贬职，但他忧国忧民的爱国之心不曾有一丝一毫的改变。到了新疆以后，他十分关心当地百姓生活，并带领大家开荒垦地、兴修水利，颇有政绩，很受当地老百姓的爱戴。后因其政绩卓著，他被道光皇帝先后升调为陕甘总督、云贵总督等职。在此期间，他免征百姓赋税，开仓济民，鼓励开矿，为维护国家边境稳定做出了贡献。

因长期劳累，林则徐最终积劳成疾，在云贵总督的任上旧病复发。在太平天国运动爆发后，道光皇帝任命他为钦差大臣前去镇压起义。林则徐因病入膏肓，死在赴任的路上。

以当时清政府和英国的军事对比来看，尽管清政府的军事实力不如英国，但如果清政府在虎门销烟后，继续采纳林则徐的建议，与英国抗争到底，即便不会取得彻底的胜利，但至少会鼓励中国军民奋起抗争，给英国更有力的打击，使中国的损失降到最低。可惜的是清政府一步步向英国妥协，并签订了一系列丧权辱国的条约，加速了其走向衰亡的道路。

印度民族解放运动

由于英国的殖民扩张，在19世纪中期，印度沦为了英国的殖民地。完成工业革命的英国不断加强对印度的经济掠夺和政治压迫。在第一次世界大战期间，印度人民与英国殖民者之间的民族矛盾日益尖锐。与此同时，由于英国忙于战争而放松了对印度的控制，这客观上刺激和促进了印度民族资本的发展。

第一次世界大战唤醒了印度人民的民族独立的意识，使得反抗英国殖民统治的斗争开展得更加深入，印度人民罢工的浪潮席卷而来，并在孟买、马德拉斯等城市建立了工会组织。随着旁遮普农民运动的

▲ 英国殖民统治下的印度人

爆发，以及受俄国十月社会主义革命的影响等因素，印度民族解放运动的高潮即将来临。

为了便于对印度的殖民统治，英国对日益高涨的印度民族解放运动采取了怀柔与镇压并举的政策。1918 年 7 月，英国公布由印度事务大臣孟太古和驻印总督蔡姆斯福联合签署的《孟太古－蔡姆斯福方案》，允诺在印度"逐渐发展自治体制"。但这并没有给印度人民带来真正意义上的自治，它仅仅代表印度上层人士的利益，主要是为了拉拢印度上层社会人士。因此，该方案一公布，便遭到印度社会各阶层的强烈反对。于是，英国殖民当局在 1919 年 1 月颁布了《罗拉特法案》。该法案颁布后，又一次激起了印度人民的愤慨，把反英斗争推向了高潮。

因为《罗拉特法案》遭到了印度人民的抗议，所以英国殖民当局于 1919 年 4 月 10 日在印度旁遮普邦阿姆利则城逮捕两位著名民族运动活动家，并与举行示威游行的印度群众发生了激烈的冲突。由于英国的银行、火车站等受到印度群众的捣毁，英国殖民当局的军队进入阿姆利则，实行戒严，禁止一切集会。1919 年 4 月 13 日，英国殖民当局派军队包围了正在举行锡克教集会活动的贾利安瓦拉·巴格广场，并封锁出

口，向群众开枪扫射，当场打死 370 余人，打伤 1200 余人。阿姆利则惨案激起印度各地更大规模的反英浪潮。

历史的沉思

阿姆利则惨案发生以后，英国殖民政府不但没有镇压住印度的反英运动，反而激起印度人民更强烈的反抗。这件骇人听闻的事件直接引发了后来甘地所领导的非暴力不合作运动，为印度走上独立解放的道路起到了推动作用。

北非的反侵略斗争

由于欧洲资本主义国家的殖民侵略，非洲大部分国家逐渐沦为英、法等国的殖民地。

地处亚、非、欧三洲交通要道的埃及，16 世纪初被土耳其占领，成为奥斯曼帝国的一个省。1805 年，奥斯曼帝国驻埃及军官穆罕默德·阿里夺取了政权，自立为总督，奥斯曼帝国苏丹被迫承认了埃及独立的既成事实。从 19 世纪初起，埃及不断对外用兵。1840 年，埃及被英、俄、普、奥等国打败，被迫签订条约，承认奥斯曼帝国的宗主权。1849 年，英、法加强了对埃及的侵略活动。

面对日益增强的英法侵略活动，愤怒的埃及人民在陆军中校艾哈迈德·阿拉比领导下，于 1879 年 1 月成立了埃及第一个民族主义组织"祖国党"。祖国党提出了"埃及是埃及人的埃及"的口号，主张保卫民族独立，维护国家主权，实施宪政，扩充军队。1882 年 2 月，埃及成立了以祖国党人为主的政府，阿拉比担任陆军部长，议会和政府采取了维护民族独立的政策。经修改后的宪法削弱了英法的财政监督权。

1882 年 7 月 11 日，英国舰队炮击亚历山大港，以 2.5 万人的大军强行登陆，悍然挑起侵埃战争。阿拉比领导军民进行英勇抵抗，宣布埃及"全民族与英国进行不可调和的战争"。9 月 15 日，阿拉比在城郊巡查时，城内埃及封建上层集团叛变投敌，英军占领开罗，阿拉比等抗英领袖被俘。埃及人民的抗英战争遭到失败。

这次抗英战争既是为了捍卫民族独立，同时也具有反对本国封建卖国政府的特点，是资产阶级性质的民族独立运动。战争失败后，埃及逐渐处于英国的统治之下。

▲ 描绘马赫迪反英起义的瓷画

英国控制埃及后，很快将势力渗入苏丹。英国殖民者逐渐取代埃及人，由英国人来充任埃及政府驻苏丹官员，让英国人当上各省省长直至全苏丹的总督。英国和埃及的双重压迫激起了苏丹人民的反抗。19 世纪 70 年代末，苏丹的达尔富尔省和加扎勒河省先后发生人民起义。1881 年，爆发了非洲历史上最大的一次反殖民统治的全民起义——马赫迪反英大起义。1885 年 1 月，起义军攻下苏丹首都喀土穆，全歼英军，并在总督府前用长矛刺死了戈登，随后挥师北上，收复了许多地区。到 1885 年夏，除沿海的萨瓦金港外，起义军基本上收复了苏丹。

▲ 苏丹人民奋勇反抗殖民入侵

19世纪90年代后期，英法争夺苏丹南部的斗争日趋尖锐。英国于1896年3月派出2.5万人大举进犯苏丹。苏丹军民进行了两年的抵抗后，于1898年4月在阿特巴拉河激战中遭到失败。1899年11月，在英军的偷袭中苏丹的领导者阿卜杜拉战死。到1900年1月，起义最后失败。此后，在英埃"共管"名义下，苏丹沦为英国殖民地。

从19世纪70年代开始，阿尔及利亚和突尼斯，相继成了法国的殖民地。1871年春，在阿尔及利亚爆发了民族起义。不久，在阿尔及利亚全境燃起了斗争的烈火。但起义军最终在1872年被法国镇压下去，起义失败，阿尔及利亚沦为了法国的一个省。在占领了阿尔及利亚后，突尼斯成了法国的新目标。在1878年的柏林会议上，法国取得英德的支持。1881年4月法国入侵突尼斯。虽然突尼斯人民顽强抵抗法国的侵略，并在1883年起义，但最终被血腥镇压，以失败而告终。突尼斯被迫与法国签订各种不平等条约，正式成为法国的"保护国"。

到19世纪末，北非只有摩洛哥还保持着独立，但由于国内改革运动的失败，摩洛哥失去了抵御帝国主义入侵的实力。20世纪初，摩洛哥最终沦为法国的"保护国"。

埃塞俄比亚是北非古老的封建国家。1894年7月，意大利发动侵略埃塞俄比亚的战争，占领了北部的一些地方。1896 年 3 月，埃塞俄比亚皇帝孟尼利克二世率兵打败了意大利军队，双方于 10 月 26 日签订了《亚的斯亚贝巴条约》。意大利无条件承认埃塞俄比亚的完全独立，并赔款 1000 万里拉。

埃塞俄比亚人民抗意战争的胜利，是帝国主义瓜分非洲时期非洲地区取得的唯一的卫国战争的胜利，为非洲各国人民的反帝斗争树立了榜样。

 历史的碎片

意大利为了把埃塞俄比亚变成自己的殖民地，擅自修改与埃塞俄比亚签订的《乌西阿利条约》中的内容，并欺骗埃塞俄比亚和欧洲各国，说孟尼利克皇帝承认意大利在埃塞俄比亚西北部的领土主权。当孟尼利克皇帝和埃塞俄比亚人民知道这一消息后都感到无比的惊讶，他们并没有这么说过，一定是意大利偷改了条约内容。

孟尼利克为了维护本国的主权和立场，曾向欧洲各国发表声明：我国从未承认是意大利的保护国。意大利为此对孟尼利克采取了蛮横的指责和恫吓。于是，在孟尼利克的带领下，埃塞俄比亚于 1895 年 12 月向意大利开战。埃塞俄比亚取得了初步胜利后，孟尼利克提出与意大利和谈却遭到了拒绝。1896 年 3 月，埃塞俄比亚和意大利在阿杜瓦展开了激战。经过这次战役，埃塞俄比亚彻底地把意大利赶出了本国领土，意大利不得不承认埃塞俄比亚是一个主权独立的国家。埃塞俄比亚成为非洲第一个抗击欧洲殖民者入侵而取得胜利的国家。

俄国推行"开明专制"改革

俄国在沙皇的统治下受封建农奴制的影响，到了 17 世纪时整体经济水平仍然很低，社会发展缓慢。虽然资本主义已在此时出现，但俄国还是以自然经济为主的封建农奴社会。在封建主的压迫下，农奴过着极其悲惨的生活，封建农奴制阻碍了资本主义在俄国的发展。

1682 年即位的俄国沙皇彼得一世，为使俄国尽快摆脱落后局面，从 18 世纪初开始进行一系列自上而下、大胆果断的改革。其内容主要包括：为提高国家行政效率和健全国家行政机构，实现国家行政机构改革；为加强皇权，废除总主教职位，在宗教方面进行改革；为发展文化教育事业，开办报纸，兴办学校，派遣留学生；为振兴国家经济，兴办近代工业；为加强国防，夺取出海口，兴办军工业，建立海军基地；为发展商品经济，扶持商业，推行重商主义政策，加强海外贸易，提高商人地位。

经过彼得一世的改革，俄国在经济、军事、政治、文化、教育等方面得到了发展和提高，巩固了专制政体，增强俄国的经济和军事实力，改善了人民的生活和受教育水平，使俄国从落后的封建国家一跃成为欧洲军事

▲ 彼得大帝

强国，为其对外扩张提供了便利条件。

到了19世纪中期，俄国资本主义得到了一定的发展，经济、交通、海外贸易等都比以前发达，但是农奴制严重阻碍了此时俄国的经济发展。由于商品经济的发展，需要大量的劳动力，而农奴却被困在封建主手中，资本主义工厂失去了劳动力来源，因此俄国经济和社会的发展还是远落后于西欧国家。

在此困境下，沙皇亚历山大二世于1861年颁布了废除农奴制的法令。法令的主要内容包括：解放农奴，使其获得自由；农民通过赎买的方式分到一块耕地（叫作"份地"），农民只有土地使用权；农民获得自由后居住在统一管理的"村社"。

亚历山大二世废除农奴制的改革，使俄国社会呈现一片新气象，使俄国走向了资本主义的道路。但这次改革并不彻底，俄国仍保留了封建农奴制残余。尽管如此，改革加速了俄国资本主义的发展，使俄国出现了新的社会经济状态，加快了俄国工业化的历史进程。

历史的碎片

在俄国改革时期，对内解放农奴、促进经济发展等，对外则除了学习各国的先进技术外，最主要的就是领土扩张。俄国在13世纪时不过是一个面积不大的小公国——莫斯科公国，但到了1689年彼得大帝亲政时，俄国已经成为横跨欧亚大陆的大国。到了叶卡捷琳娜二世时，通过对土耳其和波兰的战争，俄国的领土又扩大了67万平方公里。俄国为了扩大领土面积，不断对外发动战争或购买领土（曾多次购买美国北冰洋沿岸的领土）。19世纪60年代，全盛时的俄国，领土达到了大约2280万平方公里，成了横跨欧、亚、北美三洲的面积最大的国家。

美国内战

19 世纪 40 至 50 年代，是美国资本主义经济迅猛发展的时期，美国掀起了领土扩张的狂潮。

1846 年 6 月，美英签订了共同瓜分俄勒冈地区的条约，美国的版图正式达到太平洋沿岸。1848 年，美国打败了墨西哥，夺取了原属墨西哥的得克萨斯、新墨西哥和加利福尼亚等地。从此，美国国力大增，成为在西半球能同欧洲抗衡的泱泱大国。

随着美国资本主义经济的迅速发展，到了 19 世纪 40 至 50 年代，美国的北方首先完成了工业革命，美国西进运动也给西部的农业带来了兴旺发达的局面，而南方由于植棉业的兴起而使种植园经济蓬勃发展。在此背景下，北方的资本主义和南方的种植园经济发生了矛盾：北方实行以雇佣劳动为基础的资本主义制度，而南方保留着以奴隶劳动为基础的种植园经济，南方的奴隶制度严重地阻碍了资本主义在全国范围内的发展。

随着南北矛盾的不断升级，各种矛盾不断地出现。比如：1850 年，新墨西哥和

▲ 林肯

犹他州就奴隶制存废问题意见不一；1854 年，堪萨斯和内布拉斯加两地也因奴隶制问题产生矛盾，甚至发生了武装冲突等。1854 年至 1856 年间，南北两种社会制度的矛盾已到了兵戎相见的地步。

自 18 世纪起，美国就开始了废奴运动。到了 19 世纪 30 年代，废奴组织开始帮助南方的黑人奴隶逃亡到美国北方或加拿大，并支持黑人奴隶的反抗斗争。反对奴隶制的共和党人林肯，1860 年当选为美国第 16 任总统，南方扩展奴隶制的梦想破灭。1861 年 4 月 12 日，南方同盟炮击北军要塞萨姆特堡；4 月 15 日，林肯宣布南方各州叛乱，号召北方人民加入战斗。美国内战爆发了。

战争之初，北方联邦政府在军事指挥方面的失误和在解放奴隶问题方面的态度模糊，以及北方军队的屡屡败北，引起人民群众的不满。于是，北方联邦政府审时度势，先后颁布了《宅地法》和《解放黑人奴隶宣言》。1862 年颁布的《宅地法》规定：一切忠于联邦的成年人，只要交付 10 美元的登记费，就可以在西部领取 160 英亩土地，在土地上耕种

▲《解放黑人奴隶宣言》发表后华盛顿上下一片欢腾

5 年后就可以成为这块土地的所有者。这既满足了农民的愿望，也提升了反对奴隶制的斗志，还加快了美国西部大开发的步伐。1862 年 9 月 22 日，林肯公布了《解放黑人奴隶宣言》，政府承认奴隶永远获得自由。这大大激发了美国人民的热情，与南方形成了鲜明的对比。从此，解放奴隶成为北方作战的重要目标，战争局面开始扭转，为北方取胜奠定了良好的基础。

在北方军的全面进攻下，维克斯堡、查塔努加、亚特兰大等地先后被拿下，南方军开始陆续投降。1865 年 4 月 3 日，北方军攻占了里士满；9 日，南方军总司令罗伯特·李将军见大势已去，率残军向北方军投降。至此，历时 4 年的美国内战以北方的最后胜利告终。美国恢复了统一。

美国内战实际是美国历史上第二次资产阶级革命。这场战争废除了奴隶制度，维护了美国的统一，为美国的资本主义发展扫清了障碍。同时，美国内战对意大利、德国、俄国、日本等国的统一和改革产生了影响，使资本主义在世界范围内实现了统一。从此，美国以大国的身份晋级到世界资本主义体系中，加快了它的海外扩张步伐。

日本明治维新

作为最后一个武家幕府组织，德川家康建立的江户幕府（又称德川幕府）从 17 世纪初到 19 世纪 60 年代末一直掌控着整个日本，而日本天皇只是名誉上的统治者。德川幕府一直推行的是锁国政策。随着商品经济的发展，幕府制度引起了社会各层人士的强烈不满，各地纷纷爆发起义和市民暴动。到德川幕府统治后期，无论政治还是军事实力都受到了严重削弱。

1853 年，美国海军将领佩里率领舰队两次闯进江户湾，迫使日本开港通商（史称黑船事件）。德川幕府屈服于列强的军事压力，不仅被迫开放通商口岸，还连续与西方列强签订了很多不平等条约和协定，大量的国家主权和民族利益被出卖。1868 年 1 月 3 日，倒幕派率兵包围皇宫，解除了德川幕府驻后宫警卫队的武装。天皇睦仁（即明治天皇）宣布剥夺德川幕府的所有军政大权，最终倒幕派军队打败了幕府军。随后倒幕派军队开进江户（后改称东京），统治日本长达 200 多年的德川幕府垮台了。天皇成为至高无上的统领者。

1868 年 1 月 3 日，明治天皇颁布《王政复古大号令》的诏书，宣布废除幕府制，组织成立新的中央政府，改年号为"明治"，次年迁都东京。自 1868 年开始，明治天皇在政治、军事、经济、文化、教育等方面，在全国范围内展开了一系列的改革。

明治维新主要包括：第一，实行富国强兵政策，建立中央集权制的国家机构；第二，改革土地制度，实施新的地税政策；第三，贯彻"殖产兴业"，大力扶植资本主义；第四，大搞文明开化，实行教育改革。

明治维新是日本历史上一个重大转折。这一系列的改革措施，使日本的资本主义经济得到了快速发展，并使日本摆脱了沦为殖民地的危机，走上了资本主义道路，成为资本主义强国，真正实现了富国强兵。虽然明治维新促使日本成为强国，但是遗留了大量问

▲ 明治天皇

题，因此改革并不彻底，比如天皇权力过大、土地兼并严重、市场经济遭到垄断等一些难以解决的问题。正因如此，日本日后走向了军国主义扩张的道路。

 历史的沉思

　　日本的明治维新，除了使日本成为资本主义强国，还使日本展开了对邻国的侵略。1894 年至 1895 年的中日甲午战争，使日本侵占了中国的辽东半岛、台湾岛及所有附属岛屿（包括钓鱼岛）、澎湖列岛等领土。1904 年至 1905 年的日俄战争，使日俄加强了对中国东北的控制。日本在 1910 年完全控制了朝鲜。日本明治维新不仅夯实了日本的经济基础，也为之后日本军国主义的扩张提供了必要条件。

第二次工业革命
与近代科学文化

第二次工业革命

    在第一次工业革命推动欧洲资本主义国家的经济迅速发展后，到了19世纪中期第二次工业革命开始了，人类社会进入了"电气时代"。

    第二次工业革命最显著的方面表现在电气（即电力）的广泛使用。1866年，德国人西门子制成发电机。1870年，比利时的格拉姆发明了电动机。于是，电力作为一种新能源开始用来带动机器。此后，以电为能源的产品迅速被发明出来，如电灯、电车、电报、电话以及电焊技术

▲ 1904年巴黎电话总局，图中为女接线员在工作

等。电力设备的纷纷问世，使电力工业作为新行业开始建立并得到一定的发展。

内燃机的创新以及被使用在工业生产上，是第二次工业革命的又一重要体现。19世纪70年代至90年代，以煤气为燃料的四冲程内燃机、以汽油为燃料的内燃机和柴油机逐一问世。内燃机的发明和创新，带动了交通、工业的发展，如远洋轮船、拖拉机和装甲车、飞机等的制造和使用，也促使石油开采与炼制业迅速发展起来，为人们的生产、生活带来了极大的便利。

化学工业也在这一时期兴起。无机化学工业、有机化学工业都相继建立和发展起来。纯碱、硫酸的生产，煤焦油的综合利用，促成了一系列新发明和新产品，如化肥、化学药品、人造染料、人造丝和人造纤维等的出现。炸药工业更成为化学工业的重要部门，瑞典人诺贝尔因发明安全雷管引爆装置和硝化甘油炸药而成为世界名人。

与第一次工业革命相比，第二次工业革命主要有以下几个特点：

第一，在第一次工业革命的基础上，第二次工业革命与工业生产相结合，使科学技术全面推动生产力的发展，使科技成为第一生产力；

第二，第二次工业革命促进了生产力的发展，使资本主义国家的生产方式和人们的生活水平发生了很大的变化；

第三，第二次工业革命使西方主要资本主义国家开始出现了垄断经济，资本主义开始对外扩张，由资本主义开始向帝国主义转变，为第一次世界大战的爆发埋下了伏笔。

历史的沉思

　　美国人莱特兄弟于 1903 年设计、制造了飞机，并于当年 12 月 17 日试飞成功。这是人类历史上第一次有动力、载人、持续、稳定、可操纵的重于空气的飞行器的成功飞行。1904 年 1 月至 5 月，莱特兄弟制造了"飞行者二号"飞机，它的性能有了很大提高。1905 年他们又制造了"飞行者三号"，它在试验中留空时间多次超过 20 分钟，飞行距离超过 30 千米。1905 年 10 月 5 日的试飞取得的最好成绩是：飞行时间 38 分钟，飞行距离 38.6 千米。"飞行者三号"共飞行了 50 次，从而令当时的人们全面考察了飞机所具有的重复起降能力、倾斜飞行能力、转弯和完全圆周飞行能力、8 字飞行能力。能进行这些难度较大的机动飞行和有效操纵，表明这架飞机已具备实用性，因此它被看作是第一架实用飞机。1909 年，美国陆军装备了第一架军用飞机。到了第一次世界大战时，军用飞机开始投入战斗，其破坏力、杀伤力、战斗力等远高于坦克、大炮。

近代科学与文化

在资本主义不断发展的同时，近代西方的科学与文化也发生了一系列的变化。作为近代科学的奠基人之一英国科学家牛顿，在力学、数学、天文学等方面有重大贡献。在力学方面，他提出了牛顿定律；在数学上，他和莱布尼茨分别独立发明了微积分，虽然他没有及时发表研究成果，但在微积分方面的研究要比莱布尼茨早一些；在天文学上，牛顿创制了世界上第一个反射望远镜。牛顿的一些科学发现，为人类探索世界提供了客观条件，是人类历史上的重大进步。

1859 年英国生物学家达尔文的著作《物种起源》出版。这一划时代的著作，提出了生物进化论学说，从而摧毁了各种唯心的神造论和物种不变论。达尔文的进化理论，从生物与环境相互作用的观点出发，认为生物的变异、遗传和自然选择作用能导致生物的适应性改变。《物种起源》的出版，在欧洲乃至整个世界都引起轰动。它沉重地打击了神权统治的根基，从反动教会到封建御用文人都狂怒了。他们群起攻之，诬蔑达尔文的学说"亵渎圣灵"，触犯"君权神授天理"，有失人类尊严。与此相反，以赫胥黎为代表的

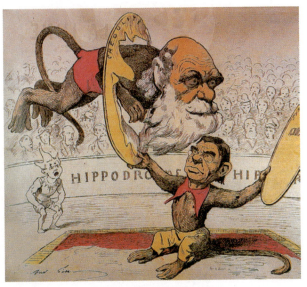

▲ 讽刺《物种起源》的漫画

进步学者，积极宣传和捍卫达尔文主义，指出进化论冲开了人们的思想禁锢，启发和教育人们从宗教迷信的束缚下解放出来。

法国19世纪浪漫主义文学运动领袖维克多·雨果，是人道主义的代表人物，被人们称为"法兰西的莎士比亚"。雨果一生著作等身，几乎涉及文学所有领域。雨果的创作历程超过60年，其作品包括26卷诗歌、20卷小说、12卷剧本、21卷哲理论著，合计79卷，给法国文学和人类文化宝库增添了一份十分辉煌的文化遗产。其代表作有长篇小说《巴黎圣母院》《悲惨世界》《海上劳工》《笑面人》《九三年》，诗集《光与影》，短篇小说《"诺曼底号"遇难记》等。

俄国诗人、作家普希金出身贵族家庭，从小受到良好的文学教养，他是现代标准俄语的创始人。他奠定了俄国现代文学的基础，在多种文学领域——抒情诗、叙事诗、诗剧、小说、散文、童话等方面都取得了杰出的成绩，为后代的作家树立了典范。其代表作有长诗《茨冈》、短诗《假如生活欺骗了你》、历史悲剧《鲍里斯·戈都诺夫》、历史剧《叶甫盖尼·奥涅金》、小说《黑桃皇后》《上尉的女儿》等。普希金的抒情诗被谱上曲，成了脍炙人口的艺术歌曲。普希金的诗还被改编成芭蕾舞，人们通过舞者的身体语言领略到诗作的无穷魅力。

德国作曲家、钢琴家、指挥家贝多芬是维也纳古典乐派代表人物之一。他创作了9首编号交响曲、35首钢琴奏鸣曲（其中后32首带有编号）、10首小提琴奏鸣曲、16首弦乐四重奏、1部歌剧、2部弥撒、1部清唱剧与3部康塔塔，另外还有大量室内乐、艺术歌曲与舞曲等。这些作品对音乐发展有着深远影响，因此贝多芬被尊称为乐圣。其代表作品有9首编号交响曲（以第三《英雄交响曲》、第五《命运交响曲》、第六《田园交响曲》、第九《合唱交响曲》最为著名），以及歌剧《费德里奥》等。

1844年10月15日，出生于普鲁士王国萨克森省一个叫罗肯的普通小村里的尼采，后来成为西方哲学界唯意志主义代表人物。他打破了以

往哲学家的神圣偶像，推翻了传统道德的善恶标准，以自己的哲学思想在哲学史上树立起丰碑，对现代西方世界和哲学界都产生了重大的影响。尼采的代表作有《悲剧的诞生》《权力意志》《不合时宜的考察》《查拉图斯特拉如是说》等。

历史的碎片

　　荷兰画家凡高作为绘画艺术的优秀代表之一，一生共创作了两千多幅作品，其中代表作品有《风车磨坊》、《原野》、《吃土豆的人》、《柏树中的麦田》、《向日葵》（系列）、《麦田群鸦》、《自画像》（系列）等。他一生所创作的作品当中有35幅自画像，其他的多以田园风光为主。凡高虽然创作了不少优秀作品，但他活着的时候其作品一直不受欢迎和重视，生前也只卖出了一幅名为《红色葡萄园》的油画。凡高去世前生活困苦潦倒，一直靠做生意的弟弟提奥接济度日。凡高由于性格孤僻、怪异而患上了抑郁症，并多次自杀未遂，有一次还割下了自己的耳朵。1890年7月27日，已患有深度抑郁症的凡高举枪自杀；7月29日，年仅37岁的凡高死在提奥的怀里，结束了他短暂而又不幸的一生。

两次世界大战、十月革命与国际秩序的演变

第一次世界大战

由于帝国主义国家在对外殖民扩张的道路上把亚非拉等地瓜分殆尽，再加上各国之间的经济发展不平衡，于是帝国主义列强之间发生了新的矛盾。在此背景下，德、意、奥匈组成的三国同盟，与俄、英、法形成的三国协约，成了两大对立军事集团。酝酿已久的帝国主义列强为重新瓜分世界和争夺全球霸权的战争即将爆发。

1914 年 6 月 28 日，奥匈帝国皇储斐迪南大公与夫人在萨拉热窝巡

视时，被埋伏在萨拉热窝市的塞尔维亚族青年普林西普枪杀。7月28日，奥匈帝国以此为借口向塞尔维亚宣战。萨拉热窝事件后来被认为是第一次世界大战的导火线。7月31日，德国政府向俄、法两国同时发出最后通牒，要求俄国停止军事动员，法国在未来冲突中保持中立，但遭到两国的拒绝。于是，德国分别于8月1日、3日先后对俄、法宣战。第一次世界大战正式爆发。8月4日，德国向比利时宣战，英国向德国宣战。奥匈帝国于8月5日向俄国宣战。

欧洲的战火迅速漫延到远东和中东，与此同时，日本的势力也在东

▲ 斐迪南夫妇被刺场面

历史的碎片

　　弗朗茨·斐迪南大公，奥匈帝国皇储、弗朗茨二世之曾孙。奥匈帝国皇帝约瑟夫一世的独子皇太子鲁道夫于 1889 年因精神病自杀后，斐迪南大公成为皇位继承人。因他主张通过兼并塞尔维亚王国将奥匈帝国由奥地利、匈牙利组成的二元帝国扩展为由奥地利、匈牙利与南斯拉夫组成的三元帝国，所以 1914 年 6 月 28 日在他与其妻子视察奥匈帝国波黑省的首府萨拉热窝时，被塞尔维亚民族主义者普林西普枪杀。

亚迅速扩张。日本在中国山东的权益遭到拒绝以后，于 8 月 23 日对德宣战。在短短的 3 个月内，由奥匈帝国和塞尔维亚的冲突演变成世界大战。共有 31 个国家参加了战争，从而出现了战火蔓延至亚洲、非洲和美洲的首次世界规模的战争。

　　第一次世界大战的主战场在欧洲大陆，主要形成了 4 条战线（也有说是 3 条战线，即下文的前 3 条战线）：西线的对阵形势是英、法、比军队与德军对抗；东线的对阵形势是俄国军队与奥匈、德国军队作战；巴尔干战线的对阵形势是塞尔维亚、门的内哥罗以及后来的罗马尼亚、希腊的军队与奥匈、保加利亚的军队作战；意大利战线的对阵形势是意大利军队在英、法军队支持下对抗奥匈军队。其中，西线和东线起决定性作用。

　　德国于 1914 年 8 月首先在西线发起了进攻，与法国形成了对峙。在东线，德军在马祖里湖地区歼灭了俄军，迫使俄军撤出东普鲁士。到年底，东线交战双方军队在阵地里对峙，呈相持状态。1916 年，德国把重点放在了西线，在凡尔登对法国发起了强大攻势，双方展开了激烈的战斗。这场战役整整持续了 10 个月，直到 9 月初德军攻势才停了下来。

埃里希·冯·法金汉，德国军事家、步兵上将，1914年至1916年间任德军总参谋长。法金汉接任德军总参谋长，策划了"向大海进军"行动，意图夺取法国北部港口，切断英法两国的直接联系，但是在康布雷第一次战役中失败，未能达到目的。法金汉主张德国应该将战略重点放在西线，这与保罗·冯·兴登堡和埃里希·冯·鲁登道夫将军的东线战略相冲突。在1916年初，法金汉强行发动凡尔登战役，希望能够造成法德2∶1的伤亡比例，逼迫法国耗尽力量。但是，在付出30多万人死亡的代价后（他也因此被称为"凡尔登屠夫"），这个战略目的未能实现。法金汉因此被解职，兴登堡继任德军总参谋长。

1916年是第一次世界大战中关键性的一年。双方损失惨重，伤亡近百万人。

1916年6月24日至11月18日，英法联军发起了索姆河战役，目的是牵制德军对凡尔登的进攻，减轻凡尔登的压力。英法联军虽然没有达到预期目的，但牵制了德军，使战局朝着有利于协约国的方向转化。在几个月的索姆河战役中，双方各伤亡约60万人，伤亡惨重。经过这次战役，有利形势越来越倾向于协约国，协约国掌握了战略主动权。

因俄国十月革命的爆发，俄国宣布退出战场。于是，德国把作战重心放在西线。1918年3月，德军集结190多个师连续发动四次战役，但在英法联军的抵抗下，德军损失70多万人；7月中旬，德军的进攻力量枯竭。随后，美国军队赶到，壮大了协约国的军事实力。1918年7月24日，协约国全面反击。1918年9月26日，协约国联军总攻开始；28日，德军兴登堡防线全面崩溃；29日，同盟国中的保加利亚投降，接着

▲ 1918年11月11日，协约国和德国代表签订停战协议

奥斯曼帝国、奥匈帝国相继签订停战协议。1918 年 11 月 11 日《康边停战协定》签订，第一次世界大战以同盟国的失败而告终。

第一次世界大战的性质是一场帝国主义争霸战争，前后持续了 41 个月，有 15 亿人口被卷入战争，世界各国损失惨重。第一次世界大战使德、奥匈、俄、奥斯曼这四个帝国覆灭，英、法被削弱，美、日兴起，俄国建立了社会主义政权，对此后的世界格局影响很大。

凡尔赛—华盛顿体系

在第一次世界大战结束后，战胜国（协约国）和战败国（同盟国）于 1919 年 1 月 28 日召开了巴黎和会，同年 6 月 28 日在凡尔赛宫签订了《凡尔赛和约》。

就德国领土问题，和约作了相关规定：恢复普法战争前法德的边界，将阿尔萨斯和洛林重归法国，法国获得 15 年萨尔煤矿的开采权；承认波兰独立，德国归还一战前侵占的波兰、丹麦、捷克斯洛伐克的土地；承认奥地利的独立，并宣布德、奥永远不合并。

关于德国的殖民地，和约规定由战胜国以委任统治的形式加以分割。

就德国军备的问题，和约规定：德国废除普遍义务兵役制，解散总参谋部；陆军人数不得超过 10 万，海军不得拥有主力舰和潜水艇，不得拥有空军；德国必须拆除西部边境线上的防御工事，但仍可保留沿海和东线的军事工程。

关于德国赔款问题，和约规定：德国及其盟国（奥地利、匈牙利、保加利亚）必须支付战争赔款，赔款数额由协约国专门委员会在 1921 年 5 月确定为 1320 亿金马克，其中 500 亿金马克须按每年 20 亿金马克的进度先付清，另外还要加上相当于出口总值 26% 的税款。但是《凡尔赛和约》签订后，原本就风雨飘摇的德国经济不堪重负崩溃了，德国还不

▲ 各国代表在和约上签字

起赔款。因此，各方不得不就德国赔款问题多次进行协商，先后推出了《道威斯计划》《杨格计划》，但德国实际上在二战前只支付了很少一部分赔款。

《凡尔赛和约》签订后，德国及其同盟国与协约国还签订了各种条约。1919 年 9 月 10 日，奥地利与协约国签订了《圣日耳曼条约》，条约规定奥地利承认匈牙利、捷克斯洛伐克等国独立，禁止德奥合并。1919 年 11 月 27 日，保加利亚与协约国签订了《纳伊条约》，条约规定保加利亚割让土地给罗马尼亚、希腊等国，并丧失了通往爱琴海的出口。1920 年 6 月 4 日，匈牙利与协约国签订了《特里亚农条约》，条约将匈牙利三分之二的土地分给罗马尼亚、奥地利、捷克斯洛伐克等国。1920 年 8 月 10 日，奥斯曼帝国与协约国签订了《色佛尔条约》，条约使奥斯曼帝国四分之三的土地丧失，并成为英法等国的殖民地。由于《色佛尔条约》过分侧重协约国一方的利益，凯末尔率领的土耳其民族主义者对条约作出了否定，从而引发了土耳其独立战争。土耳其民族主义者最后获胜，成立了土耳其共和国，取代了奥斯曼帝国的政权，并与协约国签订《洛桑条约》。

以上这些条约同《凡尔赛和约》《国际联盟盟约》一起形成了一个互相联系的条约体系，这一体系被称为"凡尔赛体系"。

1921 年 11 月 12 日，来自美、英、法、意、日、比、荷、葡和中国的代表齐聚在美国华盛顿的独立纪念馆，举行华盛顿会议。这是一战结束巴黎和会之后，美、英、日等帝国主义国家为重新瓜分远东和太平洋地区的殖民地和势力范围，再次举行的会议。华盛顿会议实质上是巴黎和会的继续，其主要目的是要解决《凡尔赛和约》未能解决的彼此间关于海军力量对比及在远东太平洋地区特别是在中国的利益冲突。华盛顿会议最后签订了三个条约：《四国条约》《五国海军条约》《九国公约》。

通过巴黎和会和华盛顿会议，帝国主义列强完成了在第一次世界大

战后对世界的重新瓜分，从而建立起一战后帝国主义国家间的新格局，即凡尔赛—华盛 顿体系。这一体系确立了帝国主义在欧洲、西亚、非洲、东亚以及太平洋地区的国际新秩序，使这些地区的政治、经济、军事活动重新纳入了列强所控制的轨道。但是在这一体系之下，各种矛盾仍在持续发展，为第二次世界大战的爆发埋下了伏笔。

十月革命的胜利

　　1916 年的秋天，俄国爆发全国性的危机，整个国民经济处于崩溃的境地。物价急剧上涨，人民群众生活每况愈下。1917 年 3 月，俄国爆发了二月革命（俄历二月），推翻了罗曼诺夫王朝，结束了俄国的君主专制统治。二月革命后出现了两个政权并立的局面：俄国临时政府和苏维埃政权。临时政府继续执行反革命的政策，日益尖锐的社会经济矛盾和政治矛盾促进了革命运动的蓬勃发展，大规模有组织的工人罢工持续不断，农民起义蔓延到几乎整个俄国。左派社会革命党人同布尔什维克的联系日益密切。他们反对同资产阶级联合，主张取消地主土地所有制，孟什维克（俄文意为少数派）中的国际主义派系也开始倾向于布尔什维克（俄文意为多数派，后来一般指苏联共产党）。

　　孟什维克和社会革命党人为了阻止革命的发展，把俄国引向资产阶级立宪民主主义的道路，于 1917 年 9 月 14 日到 22 日召开了全俄民主会议。会议作出了同资产阶级联合组成政府的决定，并成立了一个"预备议会"。布尔什维克对预备议会实行抵制，退出预备议会，同时展开了争取召开苏维埃第二次代表大会的运动，并加紧武装起义的准备。

　　1917 年彼得格勒七月事变之后，列宁转入秘密活动，他被迫居住在芬兰。列宁认为，起义要获得胜利，应该靠先进的阶级，依靠人民的革命高潮，依靠革命发展进程上的转折点。这些条件在当时都已经具备。9 月 29 日，列宁进一步指出："时机成熟了。俄国革命的整个前途已处在决定关头。"他特别强调，拖延起义的准备工作就有毁灭整个革命事业的危险。

1917 年 10 月 10 日、16 日布尔什维克党中央委员会在彼得格勒召开会议，列宁出席。根据会上的决定，在彼得格勒成立了准备和领导十月武装起义的机关——军事革命总部。

正当布尔什维克全力准备武装起义的时候，1917 年 10 月 18 日的《新生活报》发表了加米涅夫以他本人和季诺维也夫的名义所写的文章，泄露了举行武装起义的决定。为了扼杀正在准备中的武装起义，临时政府举行秘密会议，讨论镇压武装起义的措施。但是，无论什么措施都不能挽救资产阶级临时政府的命运，革命力量已充分地动员和组织起来。决战前夕，革命群众充分显示了自己的坚强决心和巨大力量，布尔

▲ 圣彼得堡冬宫前的广场及凯旋门

什维克领导的社会主义革命大军进入了战斗状态。酝酿已久的阶级大搏斗开始了。

1917年11月5日（俄历10月23日）夜，临时政府下令占领武装起义的司令部所在地斯莫尔尼宫，断开涅瓦河上的桥梁，以切断工人区和市中心区的联系。11月6日（俄历10月24日）清晨，士官生袭击了布尔什维克党中央机关报《工人之路报》和中央军事组织的《士兵报》印刷所，抢去报纸，捣毁铅版。上午，市内交通中断，士官生占领了电话局。11月6日（俄历10月24日）晚上，列宁秘密来到斯莫尔尼宫，直接领导已经开始的武装起义。11月7日（俄历10月25日）凌晨，起义队伍夺取了涅瓦河上的桥梁，占领了电报总局、电话总局、邮政总局、通讯社、国家银行、发电厂、火车站等重要目标。到早上，除了冬宫等少数据点外，整个首都实际上掌握在起义者手中。旧的国家机器已经瘫痪。克伦斯基乘坐美国大使馆的汽车，仓皇逃往普斯科夫的北方战线司令部。

11月7日（俄历10月25日）上午10时，军事革命总部公布了列宁起草的《告俄国公民书》宣告临时政府已被推翻，政权已转归苏维埃。下午，彼得格勒苏维埃在斯莫尔尼宫召开紧急会议，听取军事革命总部关于推翻临时政府和起义胜利的报告。

11月8日（俄历10月26日）凌晨2点10分，起义队伍完全占领了冬宫，逮捕了临时政府的部长，并把他们押送到彼得保罗要塞。至此，彼得格勒武装起义取得了彻底胜利。

11月8日（俄历10月26日）晚上，全俄第二次苏维埃代表大会在斯莫尔尼宫开幕，列宁在会上作了关于和平问题和土地问题的报告。大会通过了列宁起草的《和平法令》和《土地法令》。大会还选举成立了世界上第一个工农兵苏维埃政府——人民委员会来管理国家。

全俄苏维埃第二次代表大会的召开宣告了世界上第一个社会主义国家的诞生。十月革命的胜利不是偶然的，领导这次革命的俄国无产阶级具有丰富的斗争经验。在斗争中，俄国无产阶级和占人口大多数的劳动农民结成了紧密的联盟，使十月革命的胜利有了可靠的基础。

十月革命胜利的重要原因之一，是俄国有一个用马克思列宁主义理论武装起来的无产阶级政党——布尔什维克党。十月革命之所以能够迅速取得胜利，还因为俄国资产阶级比较软弱。此外，国际环境也有利于俄国无产阶级。十月革命发生在帝国主义世界大战期间，主要资本主义国家分成两大营垒，它们正在互相厮杀，抽不出大量兵力来援助俄国资产阶级；而国际无产阶级的声援和同情，则是对俄国革命的有力支持。十月革命是人类历史上第一次成功的无产阶级革命。十月革命不仅是俄国历史的转折点，而且具有伟大的世界历史意义。十月革命的胜利冲破了世界帝国主义阵线，结束了帝国主义的一统天下，开始了人类社会从资本主义向社会主义的过渡。

十月革命胜利以后，俄国各地区的被压迫民族纷纷建立起自己的民族国家和民族政权组织。从 1917 年年底至 1921 年，乌克兰、白俄罗斯、立陶宛、拉脱维亚、爱沙尼亚、阿塞拜疆、亚美尼亚、格鲁吉亚等宣布成立独立的民族国家，建立了苏维埃（俄文意为代表会议或委员会）政权。为了打破帝国主义的包围和封锁，尽快恢复被战争破坏的国民经济，进一步巩固和壮大无产阶级政权，联合各民族人民共同走上社会主义道路，各苏维埃共和国需要建立更加紧密的合作关系。

1922 年 12 月 30 日，苏联第一次苏维埃代表大会在莫斯科举行。大会批准了《苏维埃社会主义共和国联盟成立宣言》和《苏维埃社会主义共和国联盟成立条约》，宣告苏维埃社会主义共和国联盟正式成立。1924 年 1 月，苏联通过了第一部宪法，把苏维埃共和国联盟的形式固定下来。

1927 年 12 月，联共（布）十五大通过了《关于制订国民经济五年计划的指示》的决议，指出应注意消除国民经济中的不平衡现象，正确处理工业与农业、重工业与轻工业、积累与消费等比例关系，但强调高

速发展重工业，并起草了两个"一五"计划的方案，即最高方案和最低方案。

经过两个五年计划的建设，苏联基本上完成了国民经济的技术改造，形成了一个门类比较齐全的工业体系，消灭了工业中的非社会主义成分，其工业总产值跃居为世界第二位和欧洲第一位。

土耳其凯末尔革命

第一次世界大战爆发后，奥斯曼帝国跟随德国和奥匈帝国同盟的步伐参战。为此，协约国之间曾多次秘密会谈，协商如何瓜分奥斯曼帝国的土地。战后，奥斯曼帝国作为战败国投降，奥斯曼帝国被迫与协约国签订了《摩得洛斯协定》《色佛尔条约》，奥斯曼帝国的海峡地区和五分之四的土地被协约国瓜分殆尽，奥斯曼帝国因而分裂。同时，英、美等国逐步控制奥斯曼帝国的石油资源。协约国不但侵占了奥斯曼帝国15世纪以来占领的所有土地，还将土耳其民族世代生存的土耳其国家固有领土也分割殆尽，这激起了土耳其人民的强烈不满。受俄国十月革命的影响，一场由土耳其人民掀起的民族独立解放战争开始了。

早在1919年5月，凯末尔就参加了拯救祖国的战斗。1920年1月，在凯末尔的推动下，奥斯曼帝国议会通过了《国民公约》，其主要内容是：《摩得洛斯协定》签订后，尚未被敌人占领的领土和大部分阿拉伯人居住地区的归属，建议由公民投票决定，敌人未占领的奥斯曼帝国领土是土耳其不可分割的整体……境内所有少数民族享有的权利和邻国境内土耳其人所享有的权利应相同；废除阻碍土耳其政治、司法、财政发展的治外法权。《国民公约》的宣布引起了协约国的注意，很快伊斯坦布尔被占领。协约国驱散议会，下令逮捕凯末尔党人。

1920 年 6 月，在凯末尔的带领下，土耳其人民把希腊军队赶出了土耳其，并活捉了他们的总司令，取得了革命的胜利。协约国不得不与土耳其谈判，并于 1923 年 7 月 24 日在瑞士的洛桑会议上与土耳其签订《洛桑条约》，正式承认土耳其是一个独立自主的国家。

《洛桑条约》规定，协约国把侵占的土地归还土耳其，如东色雷斯、伊兹密尔、亚美尼亚、库尔德斯坦少数民族地区等，并废除了外国在土耳其的治外法权和财政、关税监督权，土耳其实行海关自主，同时与土耳其签订了《海峡公约》。《海峡公约》规定土耳其的海峡地区仍受国际监督。

1923 年 10 月 29 日，土耳其共和国宣布成立，凯末尔当选为第一任总统。凯末尔革命的胜利，结束了奥斯曼帝国 600 多年的封建君主专制和神权统治，土耳其走向了民主共和的道路；此次革命使土耳其摆脱了民族危机，符合 20 世纪亚非国家民族民主运动发展的趋势。土耳其共和国建立以后进行了一系列改革，使土耳其真正走上了独立富强的道路。

非暴力不合作运动

印度的民族解放运动是由印度民族资产阶级的政党——国大党领导的。国大党全称为"国民大会党"，领导人是莫罕达斯·卡拉姆昌德·甘地。1893 年，甘地因工作原因定居南非，他的非暴力

▲ 亲自纺线的甘地

抵抗思想就是在那里发展起来并得到了实践。甘地领导的"纳塔尔印度人大会"，以非暴力的方式为南非的印度侨民争取平等待遇。此事迫使南非政府废除了针对印侨的人头税，并承认印度的合法婚姻在南非有效。

第一次世界大战结束后，英国为了镇压印度民族解放运动，颁布了《罗拉特法案》。1919年，甘地第一次提出了针对英国政府的"非暴力不合作"主张，主要内容是印度人抵制英国殖民政府的学校、法庭、立法机关，抵制英国货和不接受英方委任的国家职务。为了抵制《罗拉特法案》，加上甘地的建议，1919年4月6日，国大党决定举行全国性的总罢工。1920年12月，国大党在那格普尔召开年会，通过了甘地拟定的"非暴力不合作方案"。

非暴力不合作运动在印度轰轰烈烈地进行，于1921年达到了高潮。在此过程中，运动群众因烧毁警察所、烧死警察而遭到殖民当局的残酷

▲ 1930年甘地领导的"食盐进军"

报复。1922 年 2 月 12 日，国大党在巴多利召开紧急会议，决定停止非暴力不合作运动。第一次非暴力不合作运动至此宣告失败。受 1929 年至 1933 年间的世界经济危机的冲击，印度整体经济发展严重萎缩。随着英国不断加强对印度的剥削，激化了民族矛盾，使得民族解放运动再次进入高潮。

1928 年积极主张印度独立的贾瓦哈拉尔·尼赫鲁当选为国大党主席。1929 年 12 月，国大党在拉合尔召开年会，通过了"争取印度完全独立"和"发动和平抵抗运动"的决议。

1930 年 2 月，国大党授权甘地领导第二次非暴力不合作运动。这次运动得到广大群众的拥护和支持，抗英斗争迅速在全国开展起来。1930 年 4 月爆发了白沙瓦起义；5 月爆发了绍拉普尔起义。这两次起义虽然都遭到了血腥镇压，但却将第二次非暴力不合作运动推向了高潮。

甘地领导的两次非暴力不合作运动，唤起了印度人民的民族觉醒，沉重打击了英国的殖民统治，奠定了印度独立的基础。作为印度民族资产阶级的代表人物，甘地自始至终参与并领导了这两次运动，为印度民族独立运动做出了卓越贡献，被印度人民誉为"圣雄"和"国父"。

美国爆发经济危机和罗斯福新政

资本主义从 1924 年起，进入了相对稳定时期。经过几年的恢复和发展，资本主义世界出现了繁荣景象，各主要资本主义国家的工业生产总值均大大超过战前的水平。经济的短暂繁荣，使资产阶级忘乎所以，声称资本主义已消灭了贫困，进入了"永久繁荣"阶段。由于工人的工资并没有随着工业的发展而相应地提高，这就使国内的消费市场逐步萎缩。一方面是生产的不断扩大，另一方面是市场的相对缩小，这便加剧了生产与消费之间的矛盾。生产相对过剩的危机越来越严重，终于导致了 1929 年至 1933 年资本主义世界经济危机的爆发。

1929 年 10 月，以纽约股票市场的崩溃为标志，美国爆发了一场资本主义生产过剩危机。它很快由美国蔓延到欧洲，以及加拿大、日本等主要资本主义国家，并波及许多殖民地、半殖民地国家和地区，

▲ 领救济金为生的人

席卷了整个资本主义世界。这次危机前后持续了四年，使整个资本主义世界经济损失 2500 亿美元，比第一次世界大战的物质损耗还多 800 亿。它成为到目前为止资本主义世界最为严重的一次经济危机。

这次经济危机使工业生产大幅度下降，大量企业倒闭，无数工人失业。1932 年的工业生产总值与 1929 年相比，美国下降了 46.2%，德国下降了 40.2%，日本下降了 37.4%，意大利下降了 33.2%，法国下降了 31.9%，英国下降了 20%：这次经济危机使资本主义世界的工业大约倒退了 20 年。重工业损失尤为严重。美国的机床制造业下降了 80%，生铁业下降了 79.4%，钢铁业下降了 75.8%（倒退了 28 年），汽车制造业下降了 74.6%，采煤业下降了 40.9%。大危机使失业人数达到有史以来

的最高纪录：美国的失业率高达 24.9%，德国为 26.3%，英国 21.3%。

经济危机的蔓延造成了世界农业危机，涉及粮食种植业、畜牧业、林业等技术作业部门，造成生产的大破坏，农民收入大幅度减少，大量农民破产。在经济危机的打击下，资本主义各国的国民收入大幅度下降，人民生活严重恶化。

这次经济危机的明显特点是持续时间长、危害程度深、渗透各个领域，涉及全世界，影响深远。在这次经济危机的谷底过后并未出现繁荣，而是持续萧条，到 1937 年又发生了短暂的经济危机。由于第二次世界大战的爆发，各国的经济才逐渐好转。

20 世纪 30 年代的这次世界经济大危机使得传统的自由放任的庸俗经济学发生危机，也使人们对现代资本主义发生信任危机。资产阶级为了摆脱危机，维护本国的统治，分别走上了不同的道路。美国实行罗斯福新政，在资本主义民主的范围内，强化国家对资本的干预；德、意、日则疯狂对外侵略扩张，最终导致了第二次世界大战的爆发。

为了扭转经济局面，摆脱这次经济危机，美国总统罗斯福宣布实施新政。罗斯福新政的主要内容包括以下几个方面：

在工业方面，通过《全国工业复兴法》来协调各企业、各部门间的生产活动，确定各企业的生产规模、工资标准和工作天数等，以防生产过剩，缓和阶级矛盾。

▲ 罗斯福

在农业方面，通过《农业调整法》调整耕地种植面积，提高农产品产量和价格，增加农民收入。

在金融方面，整顿银行内部结构，恢复人民对银行的信任，增加银行储备能力，防止黄金外流。

在社会福利方面，通过《社会保障法》，使退休工人拿到退休金，

失业人员有失业保险，残疾人等领到经济补助，使人民的生活得到了基本保障。

美国通过"以工代赈"，通过大力进行公共工程，增加了就业，刺激了消费，缓和了社会矛盾。

通过以上干预政策，在罗斯福新政期间，美国经济得到了复苏和发展，美国失业率降低，人民生活得到了改善。美国的执政能力和对经济的宏观把控能力增强，使资本主义制度在美国得到了巩固和发展。自此以后，美国政府开始了干预经济发展模式，并进入了国家垄断资本主义时期。

 历史的沉思

　　罗斯福新政虽然挽救了美国经济，使美国克服了20世纪30年代的经济危机，缓和了社会矛盾，但新政在实施的过程中带来了诸多问题。它没有从根本上解决美国社会矛盾，没有改变美国资本主义制度。

法西斯独裁统治及绥靖政策

经过第一次世界大战，意大利的经济整体快速下滑，工人不断举行罢工，政府执政能力下降，整个意大利社会呈现一片混乱的局面。为了挽救本国经济，意大利的法西斯加快了对外扩张的步伐。

1922年，墨索里尼利用意大利民族主义热情，宣布向罗马进军，夺取了政权，在意大利建立了世界上第一个法西斯专制统治的国家。由墨索里尼领导的法西斯在意大利国内实行独裁恐怖统治，迫害社会进步人士；对外实行殖民扩张，一心一意追随希特勒，把意大利变成了一个法西斯独裁的国家。1935 年，意大利侵略埃塞俄比亚，1936 年对外宣布吞并埃塞俄比亚。1939 年，意大利发动侵占阿尔巴尼亚的战争，使其变成意大利的附属国。

德国经过第一次世界大战的惨败，国内经济受到了严重打击，再加上 20 世纪 30 年代的经济危机，失业率急速上升，失业人员多达 600 万，人民更是生活在水深火热之中，社会矛盾日益凸显。希特勒利用人民群众的不满心理，撕毁了《凡尔赛和约》。自 1933 年起，身为德国总理的希特勒加紧了德国法西斯独裁统治，并在同年 2 月策划了"国会纵火案"，残害德国共产党人，解散德国共产党工会，禁止德国共产党报刊，迫害并屠杀在德国的犹太人多达 600 万人，致使他们流落海外。

希特勒在撕毁《凡尔赛和约》后，开始扩建军队，实行义务兵制，并大力发展军工业，为对外扩张做准备。1936 年，德国联合意大利吞并西班牙，1938 年吞并奥地利，随后又瓦解捷克斯洛伐克。

经过明治维新改革的日本，综合国力逐渐强大。第一次世界大战后，日本开始了征服亚洲的野心，中国是日本长久以来企图吞并的目标。在经历了 20 世纪 30 年代的经济危机之后，日本的经济受到了严重的冲击，工业生产规模缩减，失业人数急增，农民生活难以为继，国内矛盾激化。在此背景之下，日本先从中国东北入手，在 1931 年侵占中国东北，1937 年 7 月 7 日挑起"卢沟桥事变"，发动全面侵华战争，企图侵占整个中国乃至整个亚洲，建立由日本统治的"大东亚共荣圈"。

1940 年 9 月 27 日，德、意、日在柏林正式结成军事联盟（轴心国），并签订了《军事同盟条约》，法西斯开始在全世界范围内的侵略和统治。

绥靖政策又称绥靖主义，是英国为维护本国利益，企图靠牺牲中、东欧弱小国家和苏联，来把德国扩张矛头引开的政策，张伯伦将绥靖政

策发展到了巅峰。

1935 年 3 月 16 日，德国通过《国防法》，公然违背了《凡尔赛和约》。面对德国的挑衅，英、法尽管于 4 月份联合意大利组成了"斯特莱沙阵线"，但英、法又表示，即使和约遭破坏，也不考虑制裁措施。这表明了它们纵容德国的绥靖立场。6 月，英国又同德国签订了《海军协定》，同意德国发展海军。这是英国公开支持德国违背《凡尔赛和约》的行为，它大大助长了德国的扩张野心。

1936 年 7 月，西班牙内战爆发后，法国于 25 日单方面违反了《西法通商协定》，停止向西班牙供应武器。9 月 9 日，在英、法的倡议下，27 个国家在伦敦成立了"不干涉委员会"。委员会要求成员国执行"不干涉协议"，禁止向西班牙输出武器和军用物资，禁止西班牙购买的武器在本国过境。英、法等国严格执行不干涉政策，坐视德、意法西斯援助佛朗哥叛乱分子。这实际上单方面剥夺了西班牙共和国获得外部援助的权利，纵容了法西斯势力的扩张。1939 年 2 月，当西班牙内战尚在进行之时，英、法政府就宣布承认佛朗哥政权，断绝了与西班牙共和国的外交关系，这更是公开肯定法西斯的扩张。

1937 年 11 月，正当德国法西斯对奥地利蠢蠢欲动之时，英、法两国又对德国做出了绥靖的表示。英、法两国首脑会谈时，达成了一项"保持对东欧争端的不干涉政策"的协议。英、法的绥靖立场，使德国于 1938 年 3 月 13 日悍然吞并了奥地利，英、法则于 4 月初对此予以承认。

1938 年 9 月 29 日晚，英、法、德、意四国首脑会议在德国慕尼黑举行，翌日凌晨签订了《慕尼黑协定》。规定将捷克斯洛伐克的苏台德地区和与奥地利接壤的南部边境地区割让给德国；捷克斯洛伐克必须在 10 月 1 日至 10 日期间，从上述地区撤退完毕；上述地区一切设备不得破坏，无偿移交给德国。1939 年 3 月 15 日，德国吞并了捷克斯洛伐克的所有领土，随即把侵略矛头指向波兰。在这种形势下，英、法逐渐改变了绥靖的做法。

1939 年，英、法两国向波兰、希腊、罗马尼亚、荷兰、比利时、土耳其等欧洲国家提供了安全保证。1939 年 4 月至 8 月，英、法还同苏联举行了三国政治和军事谈判，以缔结共同对抗德国的同盟。但是，英、法这时并没有完全放弃绥靖政策。正是由于英、法总想抱着绥靖政策不放，苏联也逐渐丧失了与英、法结盟的信心，致使三国谈判最终受挫，失去了制止战争的最后机会。

历史的沉思

在统治形式上，法西斯国家以军事或准军事的方式全面控制社会，整个社会被囚禁在国家机器之中，政治统治对人的非政治生活无孔不入，社会彻底政治化了。法西斯国家打破了国家与社会团体之间的所有界限，甚至打破了国家与个人人格之间的界限。

第二次世界大战中的中国战场

日本自古就与中国的关系密切，且想吞并中国的野心由来已久。经过明治维新日本走上了发展资本主义的道路，并发展成为军国主义国家。在中日甲午战争后，随着日本帝国主义的军事扩张，日本开始了一步步入侵中国的军事行动。

1931 年 9 月 18 日，日本在沈阳挑起了"九一八"事变，开始以武力侵占中国东北。"九一八"事变发生后，中国刚开始时把希望寄托于国际联盟，但由于各国持有绥靖政策的态度，各国为了利益又相互勾

结，战争局势对中国不利，日本侵略者越来越嚣张。

1932年1月28日夜，日军对上海发动了袭击，由蒋光鼐和蔡廷锴领导的国民革命军第十九路军进行奋力抵抗。由于英、法、美的干涉，最终中日双方签订了《淞沪停战协定》，中国军队撤出上海，日军占领了上海。"一·二八"淞沪会战是中日双方军事实力的第一次交锋，它给嚣张的日军一次重大打击，为全面抗战争取了时间。于是，国共双方联合抗战正式开始，抗日民族统一战线初步形成。

自1933年进犯山海关以后，日本开始了入侵中国华北的步伐。由于国共双方所持有的抗战态度不同，张学良、杨虎城于1936年12月12日发动了西安事变，又称"双十二事变"，联合共产党一起逼迫蒋介石抗日。

1937年7月7日，日本挑起了"卢沟桥事变"，又称"七七事变"。"七七事变"后，日军实行速战速决的战略方针，迅速南下，大举进攻中国内地。中国军民奋力反抗，全民抗战进入高潮阶段，抗日战争全面爆发。

1938年6月至10月的武汉会战，是中日双方参战人数最多、持续时间最长、伤亡最大的一次战役。苏联派空军志愿队加入了战斗。武汉陷落后，中国抗战进入了相持阶段。

1939年9月德国入侵波兰，英、法向德国宣战，第二次世界大战全面爆发。

1940年，中国八路军取得了百团大战的胜利，极大地振奋了中国军民的抗战信心，消耗了日本军事力量。1942年，应英国政府要求，中国远征军入缅与英军协同作战，沉重打击了在缅甸的日军。1943年，随着意大利的投降，日军处在了孤立无援的地步。接着，在印度和缅甸的中国远征军开始了反攻的战斗。

1945年2月，苏、美、英签订了《雅尔塔协定》，苏联对日宣战。1945年7月，中、英、美共同发表了《波茨坦公告》，敦促日本无条件投降。1945 年 8 月 6 日、9 日，美军分别在日本广岛、长崎投了原子弹，苏联出兵中国东北。1945 年 8 月 15 日，日本宣布无条件投降；9 月 9 日，日本递交投降书。这标志着中国抗战暨世界反法西斯战争取得最后的胜利。

在第二次世界大战时期，中国作为世界反法西

▲ 1945年9月9日，日本递交投降书

斯主战场之一，为世界反法西斯战争做出了重大贡献和牺牲，为推动和维护世界和平与发展贡献了力量。

第二次世界大战中的欧洲战场

1939 年德国入侵波兰后，并没有像英、法希望的那样进攻苏联，而是按原定计划加紧向西线进攻。为了保证进攻英、法时侧翼的安全，德国决定首先控制北欧。

1940 年 4 月 9 日，德国分别向丹麦和挪威发动进攻。丹麦在无力抵抗的情况下不战而降，德军在 4 个小时内就占领了丹麦。挪威也于 6 月 10 日陷落。

在挪威战事尚未结束之时，德国就同时向荷兰、比利时、卢森堡三国发动了进攻。卢森堡当天就不战而降，荷兰在抵抗 5 天后正式投降，随后比利时也宣布无条件投降。

1940 年 5 月，德军打到英吉利海峡，向英国发起进攻。1940 年 6 月，德、意向法国宣战，使得法国的处境更加艰难。6 月底，法国被迫与德国和意大利签订停战协议，协议规定法军解除全部武装并交出武器，占法国国土面积五分之三的北部工业区由德国占领，剩余领土由设在维希的贝当傀儡政府管辖。

1940 年 6 月，德国占领了整个西欧，从此北起挪威、南到西班牙的整个大西洋海岸线就被德国控制了。英国在这次战争中损失惨重，英国空军损失飞机 915 架，被炸死炸伤居民约 8.6 万余人，100 多万栋建筑物遭到破坏，许多城市被摧毁。英国人民付出了巨大的代价，但他们没有让一个德国士兵登上不列颠的土地。英国首相丘吉尔在赞扬英国军民所表现出来的高昂斗志和大无畏精神时，曾动情地说，他们是以自己的劳苦、眼泪和血汗，粉碎了希特勒妄图迫使英国退出

▲ 英国首相丘吉尔

战争的狂妄企图。德国"海狮计划"的失败使得英国得以保存军事上的优势，而后继续同德国抗争，把德军拖入了致命的持久战，使德军陷入了两线作战的困境。

1941 年 6 月，德国向苏联发动了全线进攻。但是，在苏联军民的顽强抵抗下，苏联逐步遏制了德军的攻势，粉碎了希特勒迅速灭亡苏联的梦想，迫使德军于 1941 年 9 月将全线进攻改为重点进攻。1941 年 11 月

 历史的碎片

　　海狮计划是第二次世界大战中德国针对英国制定的作战计划。二战开始不久，纳粹德国的目光就盯上了英伦三岛。为尽快征服英国，德国元首希特勒亲自拟定了名为"海狮"的行动计划。但是，充当"先锋官"的德军战机飞临英国上空的时候，等待它们的却是一场以弱对强的空中"游击战"。最终德军的海狮计划失败，使得英国得以保存军事上的优势，而后继续同德国抗争，把德军拖入了致命的长期持久战，最后成为英美反攻欧洲大陆的跳板，使德军陷入了两线作战的困境。希特勒发动战争以来首次遭遇失败。

德军发起第二次大规模进攻，逼近莫斯科，但因苏军的顽强阻击，德军的企图未能实现；12月6日起苏军打破了德军对莫斯科的包围。1942年1月的莫斯科保卫战是德国法西斯在第二次世界大战中所遭到的第一次军事上的大失败，标志着德国"闪击战"和德军不可战胜神话的破产。

　　1942年7月17日至1943年2月2日苏军取得了斯大林格勒保卫战的胜利，此役是苏德战场和第二次世界大战的转折点。1943年8月苏军取得了库尔斯克战役的胜利，使德军重新夺回战争主动权的企图破灭。1944年，苏军实施了战略反攻计划，接连向德军发动进攻，迫使德国的东欧盟国退出了战争。

　　1944年5月至7月，反法西斯同盟军对德军形成两面夹击之势。到1945年2月，苏军和英美联军从东西两面进入了德国境内，向柏林逼近。1945年4月25日，苏军开始了对柏林的攻坚战。1945年4月29日，苏军攻到柏林市中心，希特勒在第二天绝望自杀。1945年5月2日，德军停止抵抗，柏林战役结束。1945年5月9日，德国在柏林签署了无条件投降书，欧洲战场的战争至此结束。

▲ 规模宏大的盟军诺曼底登陆场面

第二次世界大战中的太平洋战场

　　太平洋战争爆发前夕，日本联合舰队司令山本五十六就对美国的太平洋舰队虎视眈眈，已有了偷袭珍珠港的想法。随后日本派出间谍，在珍珠港获得大量情报后，山本五十六经过日本天皇授权，策划了偷袭珍珠港的行动，他命令海军中将南云忠一率领舰队前去完成任务。

　　1941 年 12 月 7 日，星期天。美国太平洋舰队的军舰大都停靠在港内，上千架飞机井然有序地分别停在瓦胡岛的 7 个机场上，珍珠港一派安静的景象。在雷达监视器前，两个值班的美国士兵突然发现一个机群出现在屏幕上。机群是从日本特遣舰队的 6 艘航空母舰上起飞的，总共183 架。日本航空指挥官渊田美津中佐驾驶着飞机冲在最前面，他后面是 49 架水平轰炸机、40 架鱼雷轰炸机、51 架俯冲轰炸机和 43 架制空战斗机组成的机群。渊田美津率先穿透云层，看到了袭击的目标：整齐排列的军舰停泊在珍珠港内，一队队飞机稳稳地停在起跑线上。渊田美津果断下达了轰炸命令，然后驾驶飞机，猛地俯冲下去，炸弹和鱼雷雨点般地投到军舰和机场上。

突如其来的爆炸声此起彼伏，珍珠港上空浓烟滚滚，巨大的钢铁堡垒被轰炸后因扭曲而变形了。所有的美军官兵都惊呆了，等他们回过神来，一切都已经来不及了，机场被毁，飞机给炸得七零八落，丧失了防空能力，军舰上腾起熊熊大火，丧失了战斗力。在日军机群的狂轰滥炸下，美国人只有挨打的份儿。片刻之间，山本五十六策划的袭

▲ 美军珍珠港被日军偷袭

 历史的沉思

珍珠港事件唤起人们对战争的警惕。当时的美军之所以败给日军，并非军事力量的悬殊，而完全是败在"和平麻痹"思想上。从总统、将军到士兵，谁都没想到，军事力量相对分散的日军会对强大的美军叫板。当时夏威夷的美军处于派对、恋爱、观光、垂钓的休假中；而日本不宣而战，偷袭珍珠港。美国太平洋舰队几乎遭到毁灭性的打击，没有戒备的兵舰、飞机、高炮无异于一堆废铁。

击阴谋就得逞了。

经过两侧袭击，在不到 110 分钟的时间里，美国海军被击沉了四艘主力舰，十余艘驱逐舰、巡洋舰以及各类辅助舰艇遭到不同程度的损伤，机场被炸成了废墟，188 架飞机被毁。在整个空袭过程中，美军官兵的死伤人数达到 4500 名之多，而日本仅以损失 29 架飞机的代价，换取了压倒性的胜利。

珍珠港事件后第二天，美国总统罗斯福要求国会向日本宣战，并且将 12 月 7 日定为美国的国耻日。1941 年 12 月 9 日，英国向日本宣战。紧随其后，有 20 多个国家相继对德、意宣战，第二次世界大战全面爆发，世界反法西斯战争也逐渐进入了高潮。

1942 年 1 月 1 日，美、英、苏、中等 26 国在华盛顿发表《联合国宣言》（又称《二十六国宣言》），标志着国际反法西斯联盟正式成立，并为二战后联合国的成立奠定了基础。反法西斯联盟国家也被简称为"同盟国"。

日本袭击珍珠港成功后，开始掌握太平洋战争的主动权。1942 年 5 月，东南亚国家、太平洋上的国家和英法殖民地相继落入日本手中。1942 年 5 月，日本帝国参谋部批准了联合舰队总司令山本五十六进攻中途岛的计划，美日之间惨烈的角逐在中途岛拉开了帷幕。

中途岛是美国重要的航空基地，山本五十六之所以主张进攻中途岛，目的是想把"珍珠港事件"中残存的

▲ 中途岛海战

美国太平洋舰队，引诱到中途岛，然后给予猛烈攻击，一举将其消灭。日本联合舰队拥有二百多艘舰艇，其中攻击力极强的战列舰 11 艘、航空母舰 8 艘、舰载机七百余架，而遭到重创的美国太平洋舰队只有 3 艘航空母舰、7 艘重型巡洋舰和 17 艘驱逐舰。山本五十六将日本海军舰队分成 6 个小的舰队，削弱了己方的海上力量。由于频繁地使用一个密码，美国太平洋舰队总部作战情报处破解了该密码，并破译了日本进攻中途岛的部署。

美国太平洋舰队司令尼米兹上将马上制订了作战计划，采取避免和日军进行正面对抗的策略，尽可能地削弱日军的海上力量，用潜艇和轰炸机袭击日军各个孤立的小舰队。1942 年 5 月 24 日，美国海军情报处再次破译出日军的作战方案：日军舰载机将于 6 月 4 日大举进攻中途岛。6 月 3 日，日本各舰队按照计划进入既定位置，但山本五十六却得到没有发现美国航空母舰的情报。其实美国已经派出了两支特快舰队，并根据日军的进攻时间表，从珍珠港出发，赶在日军到来之前，在中途岛占据了有利位置。4 日清晨，日军南云忠一海军中将命令主力舰队向美军发起进攻，但美军有所准备让日军扑了个空。第二次进攻时，日军不但无功而返，日军航空母舰还被美国轰炸机炸成废铁，沉入了太平洋。至此，山本五十六不得不取消了进攻命令。

此次进攻，日本共丧失了 4 艘航空母舰、1 艘重型巡洋舰、234 架飞机、几百名海军飞行员和 2200 多名水兵。此后，美国和日本在太平洋上的力量出现了势均力敌的局面。

中途岛海战后，美军乘胜追击，从 1943 年 2 月到 1945 年春，美军先后占领了瓜达尔卡纳尔岛、马绍尔群岛、加罗林群岛、马里亚群岛、硫磺岛和中途岛，并不断在日本本土进行轰炸，沉重打击了日本军民士气，扭转了战争局面。1945 年 8 月 6 日和 9 日，美国分别向日本广岛、长崎两地投放了原子弹，给这两地以毁灭性打击。1945 年 8 月 8 日，苏联对日宣战，并于第二天出兵中国东北，日本 70 万关东军遭受重创。与

此同时，中国和亚洲其他各国人民纷纷发起大反攻。日本法西斯四面楚歌，彻底绝望了。1945 年 8 月 15 日，日本天皇宣布无条件投降；9 月 2 日，日本在美国军舰"密苏里号"上正式签署了投降书。至此，第二次世界大战以法西斯国家的失败而告终。

雅尔塔体系

　　在 1943 年 9 月意大利投降后，同盟国就如何处置战败国和安排战后世界的问题展开了讨论。同年 10 月，苏、英、美三国代表在莫斯科举行会议，讨论怎样处置德、意问题。该会议决定成立欧洲咨询委员会和意大利问题委员会，废除德国对奥地利的占领，恢复奥地利的独立、自由。会后，中、苏、英、美根据会议精神发表了《普遍安全宣言》，决定建立一个维护战后和平的国际组织，用和平方式解决国际争端。

　　1943 年 11 月 28 日至 12 月 1 日，苏、美、英三国首脑在德黑兰举行会晤，商讨加速战争进程和战后世界的安排问题。其内容主要包括：1945 年开辟第二战场，地点在法国南部；交换成立战后维护世界和平与安全的国际组织问题的意见；苏联对日作战问题；战后如何处置德国；初步达成解决波兰问题的意见。该会议对加强同盟国间的团结与合作，协调军事战略行动，为加速反法西斯战争的胜利起了重大作用，是大国首脑在第二次世界大战中首次见面。但这次会议也反映出了大国强权政治的倾向，预示着几个大国对战后国际事务的主宰。

　　1944 年 8 月至 10 月，美、英、苏、中在美国敦巴顿橡树园举行会议，最后签署了《关于建立普遍性的国际组织的建议案》。该建议案把未来的国际组织定名为"联合国"，并规定了联合国的宗旨、原则、会员国的资格、联合国主要机构的组成和职权等问题。敦巴顿橡树园会议形成了联合国宪章的雏形，在雅尔塔体系的形成过程中起了不可忽视的作用。

1945年2月4日至11日，苏、美、英三国首脑在雅尔塔举行了首脑会议。这次会议三国一致同意对德国实行分区占领。关于波兰问题，三国最后同意对苏联支持的波兰临时政府进行改组，波兰的东部边界以寇松线为界，扩增其西部和北部的领土。会上，苏联许诺在欧战结束后2至9个月参加对日作战。关于联合国问题，最后达成了妥协：大国在非程序问题上拥有否决权，吸收苏联的两个加盟共和国为创始会员国。雅尔塔会议对苏、英、美三大国此前商谈过的问题做了调整与总结，为战后世界格局确定了基本框架以及赖以建立的精神原则。因此，人们把战后的国际秩序以"雅尔塔"来命名。

1945年4月25日，48个国家的代表在旧金山召开了联合国制宪会议。6月25日，与会代表通过了《联合国宪章》。《联合国宪章》确定了联合国这一国际组织的宗旨和原则，这些宗旨和原则成为维护战后世界和平的最高纲领。同时，《联合国宪章》也成为雅尔塔体系的支柱。

▲ 雅尔塔会议上的丘吉尔（右一）和斯大林（中）

关于战后世界安排问题，1945年7月，美、英、苏在波茨坦举行了最后一次会议。三国就德国和波兰问题达成一致，遵从雅尔塔会议的协

议。苏联重申对日作战。会上通过了《苏、美、英三国柏林（波茨坦）会议议定书》和《柏林会议公报》。会议还就成立外长会议，准备对意、匈、保、罗、芬的和约达成一致协议。此次会议解决了欧洲战争结束后的一系列迫切问题，巩固了欧洲反法西斯战争的胜利成果，加速了对日战争的结束，奠定了战后世界新秩序。雅尔塔体系的形成实际上是大国之间的交流与协商，是大国强权的政治体现。

历史的沉思

雅尔塔体系的形成，是大国之间较量的开始，它在重新规划世界的同时，也为维护世界和平组织的建立奠定了基础。但随着大国之间国家利益冲突不断发生，雅尔塔体系的作用逐渐削弱，为日后的美苏冷战、东欧剧变和苏联解体埋下了伏笔。

两极格局下的世界

冷 战

雅尔塔会议之后，罗斯福虽然公开宣布《雅尔塔协定》是历史的新开端，然而在私下，他表示怀疑斯大林是否会执行协定的内容，他向丘吉尔表示要对苏联采取强硬政策。这时，苏联发现英美秘密与德军接触，安排在西线的停战事宜。于是斯大林提出抗议，东西方关系开始蒙上阴影。

1945 年 4 月 12 日，罗斯福逝世，杜鲁门上台。罗斯福的逝世影响了美苏关系的格局。杜鲁门有强烈的反苏和反共倾向，他上台后推行反苏的政策。在杜鲁门当政时期，美国对苏政策日趋强硬。而英国首相丘

吉尔是一个顽固的反苏反共分子。在战争期间他虽然与苏联合作，但是从来没掩饰他反苏反共的立场。战争的结束，使他反苏反共的活动又猖狂起来。

杜鲁门虽然反苏反共，但是他仍想与苏联合作建立联合国。他担心没有苏联的合作，建立联合国的计划将流产。

杜鲁门、斯大林、丘吉尔互不信任。1945年7月16日，美国成功爆炸了世界上第一颗原子弹，但是杜鲁门并未告知斯大林，也不让英国与美国同享原子弹秘密。原子弹的威力使斯大林相信，强大的苏军已经不再是他手中的王牌，于是他下令研制苏联自己的原子弹，双方从分歧开始走向对抗。

当苏联的势力范围在中欧、东欧建立后，美国最高决策圈内发生分歧，并进行了政策调整。在美国统治集团内部，一部

▲ 杜鲁门

分人想反击苏联，而另一部分人则想与苏联达成关于德国的协定，默许苏联在东欧建立社会主义国家。双方进行争论，直到1947年才统一到反苏反共的冷战路线上。1947年，美国杜鲁门主义的出台，标志着冷战开始。

美国为了对付苏联，对斯大林的对外政策进行了反复研究，认为苏联要向西欧扩张。然而他们错误地估计了苏联的对外政策。真实情况是，苏联主要关心其在中欧、东欧的势力范围是否巩固。苏联由于在战争中的损失太大，不愿冒险与西方进行战争，但苏联不会与西方订立条约或妥协，西方要与苏联和平共处是完全不可能的。

伊朗危机坚定了美国进行冷战的决心。伊朗在战时是西方向苏联进行物资援助的主要通道。伊朗危机在联合国引起激烈辩论，美国强烈支持伊朗，要求苏联撤走。1946年5月，苏联被迫撤走，伊朗废弃了对苏联的许诺，收回了在北部的石油主权，武力统一了北部。

美国散布一种舆论，鼓吹西方正受到苏联领导的、长期的、严重的共产主义威胁，苏联利用各地共产党颠覆这些国家，在西方制造混乱。同时美国竟然造谣说莫斯科制订了一个总计划，一切都在围绕这个计划进行。然而事实并非如此！从道义上说，苏联肯定会支持各国由共产党领导的革命，然而当时苏联处于守势，其力量还不够与西方进行战争。其实苏联并没有这样一个夺取世界的总计划，也没有支持德国和意大利的共产党游击队。

马歇尔计划的实施，使美苏关系恶化到顶点。美国提出杜鲁门主义和实施马歇尔计划后，决心把德国西部占领区建立为一个国家。1948年，苏联封锁柏林，引起了战后最直接和最严重的危机。

1948年，冷战出现高潮，此时发生了布拉格事

▲ 马歇尔

件。这是由杜鲁门主义和马歇尔计划对苏联在中欧和东欧的影响提出了挑战，苏联被迫有所反应而引起的。布拉格事件对西方具有极大的影响，美国借此要求西欧密切合作，反对苏联集团。

布拉格事件后，西方决心在德国西部建立一个国家与苏联抗衡，这就引起了苏联抗议。封锁柏林是战后美苏最激烈的对抗，使冷战进入冲突阶段。苏联的封锁未能阻止联邦德国的建立，反而在西方造成不良影

响。西方开始对德国东部进行封锁，停止向德国东部运送物品。苏联为对抗西方，也就支持在德国东部建立了德意志民主共和国，德国分裂为两个国家。

1954 年 7 月，在日内瓦会议上，苏联提出统一的德国不能参加北约，立即遭到美国的反对。尽管双方斗争尖锐，但还是同意遵守《日内瓦协定》，和平共处。然而两国的缓和未能持久，1956 年发生了苏伊士运河战争，美苏之间的关系恶化。

美国的侵略政策与战争政策，迫使苏联进行准备。苏联把主要精力集中在发展军事力量上。于是美苏开始了核竞赛，双方部署的核武器都可以把对方摧毁几次。所以冷战发展到 20 世纪 50 年代中期，世界历史上就首次出现了一种由美苏扮演超级大国的关系。这种关系实际上是为

▲ 巨轮通过苏伊士运河

避免在战争中彼此摧毁，双方尽量避免直接的战争，但这并不妨碍纵容和支持小国之间的战争。为保持这种关系，双方开始了禁止核试验的谈判。

进入20世纪60年代，美苏关系不断恶化。1961年6月美苏首脑在维也纳举行会晤，会上肯尼迪与赫鲁晓夫讨论了民主德国人逃往西柏林的问题，赫鲁晓夫希望把西柏林归还民主德国。肯尼迪表示西方绝不会在西柏林问题上让步。维也纳会议以失败告终，双方不欢而散，美苏冷战进一步恶化。

随着美苏两国的相互敌对，逐渐变成了两大集团的相互全面的冷战对峙，这使世界形成了两极格局的局面。

第三次科技革命

第三次科技革命（第三次工业革命），又称新科技革命，兴起于20世纪40至50年代。它以原子能技术、航天技术和电子计算机的应用为代表，另外还包括人工合成材料、生物技术和遗传工程等高新技术。它极大地推动了人类社会的发展，这一浪潮至今方兴未艾。

19世纪末20世纪初，科学理论的重大突破成为第三次科技革命的理论基础。爱因斯坦

▲ 人类首次进入太空

相对论的提出和量子力学的诞生，在物质观、时空观、运动观和方法论方面，将人类对自然界的认识从宏观世界引向微观世界。原子物理学揭开了核裂变的奥秘，使人工利用原子能成为可能。

第三次科技革命具有不同于先前科技革命的明显特征。首先，科学技术在推动生产力的发展方面起着越来越重要的作用，科学技术直接转化为生产力的速度加快。其次，科学和技术密切结合，相互促进，具有科学、技术、生产一体化的趋势。最后，科学技术各个领域之间相互渗透和分化，在高度分化的基础上又高度综

▲ 爱因斯坦与科学界精英们进行学术讨论

合。现代科技发展出现了两种趋势：一方面，学科越来越多，分工越来越细，研究越来越深入；另一方面，学科之间的联系越来越紧密，科学研究朝着综合的方向发展。

无论在广度上，还是在深度上，第三次科技革命都对世界产生了极其深刻的影响。主要体现在：

首先，它极大地推动了生产力的发展，促进了劳动生产率的提高和国民财富的增长。据统计，从 18 世纪以来，世界工业的年增长以 1951 年到 1976 年间的速度为最快。当代资本主义经济快速增长主要是通过科学技术的进步和知识创新实现的。在新科技革命下，提高劳动生产率，主要通过生产技术的进步、劳动者素质和技能的不断提高来实现。而电子计算机控制的自动化技术，使人的劳动从直接参加生产转变为对生产

过程的控制，要求劳动者必须具备相应的文化水平和科技水平。第三次科技革命采用现代管理与决策理念，使劳动组织的管理日益科学化，对企业管理的"民主参与"也就应运而生。

其次，它促进了社会经济结构和社会生活结构的变化。在发达资本主义国家，国民经济中的第三产业的比重上升，超过了第一、第二产业；产业结构中的技术密集型企业发展速度远远超过传统的劳动密集型企业，信息产业逐渐兴起。人们的日常生活也发生变革。它所创造的大量新产品改变着人类的生活，甚至影响着人类的思想道德观念。现代化通信手段的出现，改变了人们交流信息的传统方式，也改变了传统的人际交流方式。国际互联网使人们观察、认识外部世界的方式和方法也发生了变化。

最后，它推动了国际经济格局的调整，拉大了发达国家和发展中国家的差距。科技在国际经济竞争中的地位越来越重要。第三次科技革命加速了生产和资本的国际化、一体化和集团化。西方七国1987年的经济实力占世界的60%，而人口只占12%。1950年发达国家与发展中国家的国民生产总值相差23倍，1985年扩大为44倍，1990年扩大为56倍，并且有进一步扩大的趋势。

随着第三次科技革命的发展，知识经济已经初露端倪。为了增强自己的地位，科技立国、科技兴国、科技强国日益成为许多国家的国策。

历史的沉思

美国是世界上实现载人登月的第一个国家。他们将宇航员送上月球，并成功返回的次数有6次之多。美国载人登月任务，都是依托于阿波罗系列计划得以成功实施，而每一次任务的登陆地点、任务内容和停留时间都有所不同。

不结盟运动

第二次世界大战以后，亚、非、拉等地的一些发展中国家开始纷纷独立。到了20世纪60年代，不结盟运动开始作为一股重要的力量登上了国际舞台。它奉行和平、中立不结盟以及独立自主、非集团的宗旨和原则；坚持反帝、反殖的方向，在国际事务中发挥着重要的作用。

在"万隆精神"的鼓舞下，非殖民化进程有了很大发展。但是，帝国主义、新老殖民主义都不甘心退出历史舞台。美苏两国开始全球性角逐，北约和华约两大军事集团重兵对峙，在亚非广大的中间地带展开激烈争夺。特别是美、英、法，企图以新殖民主义取代旧殖民统治，对新独立国家的独立、主权和安全构成严重威胁。在这种情况下，处在两大集团之外的许多国家不愿听任大国的摆布和控制，决心自己掌握国家和民族的命运，维护国家的独立和主权，捍卫世界和平。在这种历史环境下，不结盟运动应运而生。

▲ 苏加诺

1956年7月，南斯拉夫总统铁托、埃及总统纳赛尔、印度总理尼赫鲁在南斯拉夫举行会谈，并发表联合公报，强调坚持民族独立，反对参加两大军事集团，主张各国之间和平共处与友好合作。柬埔寨国家元首西哈

▲ 铁托

努克亲王和印度尼西亚总统苏加诺也签署了上述公报。1961 年初，铁托在非洲国家的独立高潮中，遍访非洲九国，提出不结盟国家举行首脑会议的建议，得到纳赛尔等人的响应。1961 年 6 月，不结盟国家首脑会议在开罗召开筹备会议，规定参加不结盟会议的国家应遵守五项准则：该国的政策应当是在和平共处和不结盟基础上的独立政策，应当支持民族解放运动，不应当是任何会使其卷入大国冲突的集体军事同盟的成员国，不应当是同某个大国缔结的双边联盟的参加国，其国家领土里不应当有该国同意建立的外国军事基地。

在不结盟运动刚刚兴起之时，美国以对付"共产主义威胁"为借口，在世界各地组建了各种军事和政治联盟。在美国看来，"不结盟"简直是一种讽刺和攻击。苏联出于同美国争霸的目的，也竭力分化瓦解不结盟运动。它们都企图把其他国家拉入自己的集团。但是，不管两霸如何痛恨、破坏不结盟运动，它还是不可阻挡地发展起来，成为国际舞台上不可忽视的一支政治力量。

1961 年 9 月 1 日至 6 日，第一次不结盟国家首脑会议在贝尔格莱德召开，有 25 个国家出席了会议。会议通过了《不结盟国家和政府首脑宣言》和《关于战争的危险和呼吁和平的声明》。不结盟国家"决意协同做出努力，制止各种新殖民主义和帝国主义统治的一切形式和表现"。宣言宣布与会各国全力支持阿尔及利亚、安哥拉、突尼斯、古巴以及其他为争取和维护民族独立而斗争的各国人民。宣言要求各大国签订全面彻底的裁军条约，以缓和国际紧张形势；认为"现在的军事集团……不时引起国际关系恶化""不结盟国家应该参与有关世界和平与安全"的国际问题的解决。宣言要求消除殖民主义遗留下来的经济不平衡状态，废除国际贸易的不等价交换，稳定原料和初级产品价格等。不结盟国家和政府首脑会议的举行，标志着不结盟运动正式开始，它推动了国际政治力量由美苏两极向多极化方向转化。不结盟运动所确立的不结盟、独立自主的原则，以及反帝、反殖的立场，受到越来越多的第三世界国家

的承认和支持，从而促进了第三世界的壮大。

不结盟运动反对帝国主义、殖民主义，促进了亚非拉各国民族解放运动的深入发展；不结盟运动反对霸权主义、强权政治，维护了第三世界国家的独立、主权和平等地位；不结盟运动反对超级大国的侵略和战争政策，保卫世界和平；不结盟运动在改革旧的国际经济关系，建立国际经济新秩序等方面，做出了不懈的努力。

日本经济的高速发展

在第二次世界大战期间，作为法西斯同盟国家的日本，由于战争的原因，在民生、经济、军事等方面产生了巨大的消耗，经济发展缓慢，生产力跟不上战争的需求，人民处在饥饿的状态极度困苦，失业率上升，物价上涨，通货膨胀等，日本社会出现混乱的局面。为了复兴国民经济，日本在1945年8月推行了一系列的民主化改革。

日本民主化改革主要通过以下几个方面进行：

首先，在政治方面的改革，主要有修改宪法、改革议会制度和内阁制度、实行地方自治等。1946年日本国会通过的新宪法，废除了天皇的绝对统治权，天皇只是日本的一个象征。作为议会制国家，日本的国家行政权由内阁掌控，内阁要对国会负责。国家要保障公民享有民主自由的基本权利，永不以战争为国策，不得有军事武装力量。日本实现了政治体制的民主化，从而保证了战后日本政局的稳定和经济的迅速发展。

其次，在经济方面，解散财阀，禁止垄断。解除以前由家族成员掌控的家族企业，指定三井、三菱等掌控的六百多家公司交出股权，并勒令这些财阀的主要负责人一律辞去职务，并且不允许重新任职，切断了财阀的人事网。为防止被解除的财阀死灰复燃，在1947年4月公布了

《禁止私人垄断法》和《经济力量过度集中排除法》，成立公正交易会。日本通过在经济方面的改革，促进了战后日本经营管理的现代化，为其战后经济的高速发展提供了条件。

还有，在教育上，由中央集权的教育制度向地方自治的教育制度转变，实行全民义务教育，义务教育年限由6年延长至9年。

最后，在农业上，废除以寄生地主为主的土地所有制，采取有效措施，使农民拥有土地，恢复农业生产。

日本经济的复兴阶段是1945年—1955年，通过这一阶段的发展，日本经济到了20世纪50年代中期已经恢复到战前水平。1955年—1973年是日本经济高速发展时期，经过这一阶段的发展，到了1968年日本国民生产总值仅次于美国，位居世界第二。1974年—1985年是日本经济稳定发展时期，在这一时期，日本扩大对外贸易，国际竞争力提升。1986年—1990年是日本经济发展的泡沫阶段，在这一时期，日元升值，日本经济出现泡沫现象，经济开始走向衰退。1992年—2000年为日本经济衰

▲ 日本松下电器集团的洗衣机生产流水线

退期，因为日本泡沫经济的发展，导致日本经济危机出现，大量企业倒闭，经济发展正式走向衰退。

战后日本抓住科技革命的机遇，引进先进科技，大力发展本国经济，并购买一切廉价的工业原料、燃料等，出

▲ 20世纪70年代初日本商业经济一派繁荣景象

口价格偏高的工业产品，从而获得了巨大的经济利润。加上美国的扶持和日本自身的民主改革，使得日本经济快速发展。除此以外，日本以经济发展为中心目标，积累资本，提高工业生产力，从而推动了日本经济的全面发展。再加上政府正确的经济导向，引进先进的企业管理制度培养各方面的人才，扩大对外贸易等，使得日本经济高速发展，成为资本主义国家里的经济强国。

非洲民族解放运动

非洲民族解放运动是在第二次世界大战后由北非最先开始的。战后，联合国对利比亚领土实行管辖权。1951 年，利比亚宣布独立，成立联邦制国家。而作为世界四大文明古国的埃及，1952 年爆发了革命，纳赛尔领导的"自由军官组织"推翻了英国扶植的法鲁克王朝，并于第二年成立埃及共和国。1955 年，摩洛哥人民展开反法武装斗争，推翻了法国的殖民统治，并于第二年 3 月宣布独立。1957 年 7 月，经过与法国的

谈判，法国承认突尼斯独立，并成立突尼斯共和国。1962年，阿尔及利亚经过7年艰苦的革命斗争，推翻了法国的殖民统治，宣告独立。一系列轰轰烈烈的民族独立解放运动由北非，迅速扩展到非洲其他国家。

在非洲的其他国家，如肯尼亚，早在20世纪40年代末起，就开始了反英殖民统治的革命，力主把欧洲人赶出肯尼亚。1952年，由肯尼亚爱国青年领导的"茅茅运动"废除种族歧视，开始了民族独立斗争，并得到了各族人民的支持。自此，"茅茅"领导人民与英国殖民者展开了激烈的武装斗争。他们成立政府和议会等，对英国殖民统治者进行严厉的打击。经过一系列的斗争，肯尼亚于1963年宣告独立，但仍属于英联邦国家。

肯尼亚的独立推动了非洲民族解放运动的开展，并得到非洲其他国家的响应。1957年3月5日，加纳脱离英国殖民者独立，成为撒哈拉以南非洲地区第一个脱离西方殖民统治的国家。1958年9月，几内亚共和国成立。

▲ 英国菲利普亲王向乔莫·肯雅塔（第一任肯尼亚总统）祝贺肯尼亚独立

由于早期南非是英国的殖民地，并在1910年5月由英国成立了"南非联邦"，所以长期以来南非是由白人统治的，并对黑人和其他人种实行种族歧视和种族隔离政策。这一政策的推行，遭到南非人民的奋力反抗，于是在1955年召开的南非非洲人民代表大会上提出，一切民族享有平等的权利。通过大规模的示威游行和反种族主义的斗争，1961年南非宣布退出英联邦，成立南非共和国（1994年重新加入英联邦）。到20世纪80年代末，在南非国内黑人解放运动和国际社会的压力下，白人统治阶级不得不做出让步，对国内种族关系进行调整。

 历史的碎片

在反种族隔离和种族歧视上，曼德拉一直以来就是当时南非政府最头疼的人物。长期以来，曼德拉领导南非人民大罢工、抵抗白人的种族主义等一系列的反抗斗争，致使南非政府不断对他迫害和污蔑。1962年在美国的操纵下，南非政府以煽动罪和非法越境的罪名逮捕曼德拉，自此他开始了长达27年的监狱生涯。27年后，当时的南非总统德克勒克宣布无罪释放曼德拉。1994年，经过南非多种族大选，曼德拉成为非洲历史上第一位黑人总统，在其任职期间获得"南非国父"的尊称。

第三世界国家的民主运动

第二次世界大战后，受20世纪70年代全世界民主运动浪潮的影响，欧洲的西班牙、葡萄牙和希腊三个专制政体建立了资产阶级代议制政权。此后，在亚洲、非洲和拉丁美洲一些新独立的第三世界的国家里，也开始了以资产阶级民主政体取代传统的集权政体和军人政权、以多党制取代一党制或无党制的民主运动，建立了民主制政权，并对本国民族资本和国有化经济实施保护政策。

第三世界民主运动的最终目的其实就是反对独裁政权、发展民族经济、建立平等的国际经济秩序、维护本国主权等，以新的独立自主的国家形象站在国际舞台上。20世纪70年代后的20年里，民主运动已遍布亚洲、非洲和拉丁美洲的近百个国家，以拉美国家反对军人独裁政权为代表的民主运动是其先声。1978年至1989年，拉美国家的军人政权开始纷纷倒台，并以和平的方式将政权移交给文官政府。民主运动在20世纪80年代兴起于亚洲和非洲，随着非洲民族解放运动的开始，非洲大陆上的国家纷纷宣布独立，民主化运动也迅速改变了非洲各国的政局。到1991年非洲实行或宣布实行多党制的国家达到30个。这足以说明民主

▲ 加纳人民庆祝国家独立的情景

运动在非洲的兴起不是偶然的。拉丁美洲的巴拿马、阿根廷等国家的民主化运动也是在文官政府与军事政变的反复较量中动荡推进。

民主化运动是一场进步与反动两种政治倾向、革新与保守两股政治势力之间复杂的政治较量，在大范围的兴起阶段之后，进入了动荡而又前进的深化阶段。

走向多极的世界

冷战的结束和世界新格局

1989年至1992年，东欧发生剧变；1990年10月，两德统一；1991年，苏联解体。世界格局发生了新的变化。

德国统一后，1990年11月19日至21日，北约和华约两大集团在巴黎召开了欧洲安全与合作第二次首脑会议。会议期间，北约和华约的22个国家首脑签署了《欧洲常规武装力量条约》和《联合声明》，正式宣告冷战的结束。

资产阶级国家利用东欧剧变，鼓吹西方民主的胜利，企图消灭共产主义的影响，这使国际共产主义运动处于低潮。冷战结束后世界历史潮流朝和平与发展方向推进，各国为发展经济开展了友好合作。

中国在改革开放中虽然也遇到过许多困难，但中国坚持马克思列宁主义毛泽东思想，在邓小平建设有中国特色的社会主义理论的伟大旗帜指引下，既坚持了社会主义道路，保持了国家的独立和统一，又取得了经济建设的巨大成就。中国的经验将鼓舞越来越多的国家与人民坚持十月革命的方向，把马克思列宁主义与本国实践相结合，进行社会主义革命和建设。

此外，古巴、越南、朝鲜民主主义人民共和国仍然坚持社会主义。中国的成就以及上述社会主义国家的存在，将鼓舞世界人民朝社会主义方向前进。

自苏联解体后，俄罗斯作为苏联 80% 的国土面积、经济主体和军事装备等的继承者，成了联合国五大常任理事国之一。苏联解体后，俄罗斯在经济方面得到了一定的发展。俄罗斯在轻工业和农业等以生产生活资料为主的产业方面相对比较薄弱，发展比较缓慢，有时还需要进口粮食和生活用品。农业生产方面的不足，跟俄罗斯的气候不无关系。但俄罗斯的工业很发达，尤其是在机械制造、钢铁、冶金、航空航天、核工业等方面，一直处于世界先进水平，是在军事方面仅次于美国的第二强国。

 历史的沉思

东欧剧变、苏联解体，标志着第二次世界大战后存在了 40 多年的两极格局最终结束，形成了以美国为首、一超多强的世界格局。

两极格局解体后，华约组织也解散了，两大军事集团对抗的局面结束，世界形势的总趋势走向缓和。

世界政治格局的多极化、世界经济的全球一体化趋势也在迅速增强。世界经济越来越成为一个整体。

经历了两次世界大战的西欧国家，在人口、经济等方面都遭受了极大的打击和损失，国际地位也大不如从前。第二次世界大战后，欧洲国家在 1947 年美国国务卿马歇尔提出的"欧洲复兴计划"中，得到了美国的援助，再加上它们原有的经济基础和先进的科学技术，并合理运用了一些恰当的经济政策，欧洲各国的经济很快得到了恢复，并超过了战前的水平。西欧国家为了走出战争的创伤，以及摆脱美国的控制，于是在 20 世纪 50 至 60 年代，成立了欧洲共同体，即后来的欧洲联盟，简称欧盟。欧盟的成立促进了西欧各国经济共同发展，巩固了其国际地位。

在第二次世界大战时，虽然作为法西斯国家的日本不断对外进行扩张和侵略，但作为战败国，战后的日本在经济、人口、军事等方面都有不小的损失，经济实力下滑，综合国力远不如战前的水平。自 20 世纪 40 年代末起，日本通过一系列的改革，使本国经济在以后的几十年里得到高速发展。自 1968 年开始，日本经济超越世界其他国家，经济总体实

▲ 联合国总部大楼

力仅次于美国，成为世界第二大经济强国，并在很长一段时间里位居第二。日本在工业、经济、科技、教育、军事、医疗等方面，也一直处在世界前列，是国民生活水平很高的国家之一。

自 20 世纪 80 年代改革开放以来，中国在工业、农业、医疗、军事、科技、教育等方面发展迅猛，综合国力显著增强；在 2010 年，经济总量超过世界其他经济强国，仅次于美国，成为世界第二大经济强国。中国结合自身综合实力不断发展，并且长期以来推行与世界各国和平共处原则，对世界格局的影响也日益显著。

二战后世界上其他国家也得到了不同程度的发展，国际地位也不断提高，如印度、巴西等。但这些国家受自身因素的影响，综合国力发展受到了一定的限制，整体发展水平远不如以上国家。于是，世界也就形成了以美国、欧盟、俄罗斯、日本、中国等为代表的多极新格局。这些国家在维护世界和平发展中发挥着重要作用，引领世界朝多极化的趋势发展。

北约东扩的进程

苏联解体后，西方国家看到扩大北约有利可图，同时为迎合中东欧国家"回归欧洲"的愿望，开始制订和实施北约东扩的计划。北约东扩的进程大致经历了三个阶段。

第一阶段，建立北大西洋合作委员会。1991 年 11 月苏联解体前夕，北约在罗马召开首脑会议，决定组建由北约和前华约成员国参加的北大西洋合作委员会。因为其宗旨是致力于在北约和苏联及中东欧国家之间建立一种真正的伙伴关系，所以北约的这一提议立即得到苏联和中东欧国家的响应。1991 年 12 月该委员会正式成立时，共有北约成员国、苏联和中东欧国家等25个国家参加。

第二阶段，推行北约和平伙伴计划。西方迈出第一步后不久，感到北大西洋合作委员会难以担当演变和融合中东欧和苏联地区国家的重任，于是决定敞开北约的大门，接纳这些国家进入。1993年上半年，美国和北约公开表示，应尽快吸收中东欧国家加入北约。但是，考虑到这些国家问题众多、情况复杂，立即接纳会给北约自身带来许多麻烦，同时也会遭到俄罗斯的反对，便想出了一个过渡的办法：先吸收中东欧和原苏联各加盟共和国加入和平伙伴计划，作为它们加入北约之前的热身，待条件成熟后再吸收它们加入北约。这样既稳住了俄罗斯国内的民族情绪，又能让急于加入北约的国家有更多的时间调整自己的内政与经济，尽快地向北约国家的政治、经济模式转化。

第三阶段，北约稳步向东扩展。和平伙伴计划提出后，中东欧国家的踊跃加入大大刺激了西方扩大北约的欲望。同时，俄罗斯民族主义和左翼力量的增强，更促使西方产生了防范、遏制念头。于是，西方决定加快北约东扩的步伐。1995年9月，北约常设理事会批准了《关于北约东扩的研究报告》。报告就北约东扩的方式、申请加入国的条件、东扩后北约组织的地位以及与俄罗斯之间的关系等问题进行了阐述。

1996年上半年，西方

▲ 北约之船驶向东欧

国家考虑到俄罗斯正在进行总统大选，决定在俄政局未稳的情况下，为了避免激怒俄罗斯国内的民族情绪，把北约东扩一事放松一些。叶利钦再次当选总统后，北约便宣布加快东扩的步伐。1996年底，北约理事会决定：1997年7月，在北约马德里会议上确定第一批扩员名单。此后便与第一批扩员国进行了谈判。1997年7月8日，北约东扩的第三阶段达到高潮，波、匈、捷三国被正式确定为北约东扩的第一批国家。1999年3月12日，波、匈、捷三国正式加入北约。

北约东扩已经迈出了实质性的一步，从世界范围来看，它已经加速了大国战略关系的调整步伐，大国之间相互制衡、互联互动的关系格局更加明显。从欧洲范围看，北约东扩侵犯了俄罗斯在欧洲的利益，严重威胁了俄罗斯的政治、军事和经济安全。因此，俄罗斯加快独联体一体化特别是军事一体化的进程。北约一定要东扩，俄罗斯一定会抵制，这两种趋势在一定时期内都难以避免，它们之间的这种较量将影响欧洲新局势的形成，也会给世界格局的变化带来许多不确定的因素。

历史的沉思

　　有一种观点认为，北约东扩是冷战的延续，只会加剧紧张局势。因为东扩无端地激起了俄罗斯对被包围的担心，它对北约东扩不会袖手旁观，只能采取相应的措施，如加强与中国的联合，重整核力量等。另一种观点认为，北约东扩将使美国失去唯一超级大国的地位，世界将更加向多极化方向发展。对欧盟各国来说，基于安全利益可以勉强接受美国的意图，但在经济利益上将会出现更大的矛盾，以至于各国从长远角度来说都不愿接受美国的这种帝国政策。总之，北约东扩是影响国际局势的一件大事，有许多不确定因素，因此我们应密切关注实际局势的发展。

从北约东扩的进程来看，美国在其中起了决定性的推动作用。实质上，美国想通过北约东扩扩大其在欧洲的影响，继续在欧洲发挥领导作用。

▲ 北约东扩